高中段 社会与责任

潘席龙 祖强 ◎ 主编

联合出品方

西南财经大学财商研究中心 华西证券投资者教育基地

西南财经大学出版社

图书在版编目(CIP)数据

社会与责任.高中段/潘席龙,祖强主编.—成都:西南财经大学出版社,
2020.10
ISBN 978-7-5504-4572-7

Ⅰ.①社… Ⅱ.①潘…②祖… Ⅲ.①社会责任—青少年读物
Ⅳ.①C91-49

中国版本图书馆 CIP 数据核字(2020)第 181384 号

社会与责任(高中段)
Shehui Yu Zeren(Gaozhong Duan)
潘席龙 祖强 主编

总 策 划:李玉斗
策划编辑:何春梅
责任编辑:周晓琬
装帧设计:冯单单
插画设计:刘玥廷 谢莹
责任印制:朱曼丽

出版发行	西南财经大学出版社(四川省成都市光华村街 55 号)
网 址	http://www.bookcj.com
电子邮件	bookcj@foxmail.com
邮政编码	610074
电 话	028-87353785
印 刷	四川新财印务有限公司
成品尺寸	170mm×230mm
印 张	11.5
字 数	181 千字
版 次	2020 年 10 月第 1 版
印 次	2020 年 10 月第 1 次印刷
书 号	ISBN 978-7-5504-4572-7
定 价	48.00 元

国民金融教育之青少年五德财商系列教材

编委会

特别感谢：

四川证监局投资者保护处在本教材编写过程中提供的宝贵意见！

专家简介

1. 曾康霖

教育部人文社会科学重点研究基地中国金融研究中心名誉主任，中国金融学会常务理事和学术委员会委员，四川省金融学会副会长，四川省人民政府学位委员会委员，国务院政府特殊津贴获得者；1994 年被“英国剑桥国际名人传记中心”载入《国际名人传记词典》，2013 年度获得“中国金融学科终身成就奖”。

2. 郑晓满

四川省证券期货业协会会长，四川省上市公司协会常务副会长，四川金融学会理事，中国证券业协会自律协调委员会副主任。

3. 刘锡良

教育部人文社会科学重点研究基地中国金融研究中心名誉主任，国务院参事室金融研究中心研究员，教育部经济学教学指导委员会委员，中国金融教材编审委员会主任，中国金融学会常务理事和学术委员会委员，四川省人民政府科技顾问团顾问，四川省金融学会常务理事，国务院政府特殊津贴获得者。

4. 杨炯洋

华西证券股份有限公司董事、法定代表人、总裁，成都市政府参事，中国证券业协会投资银行委员会委员，资深投资银行专家。

5. 王擎

教育部人文社会科学重点研究基地中国金融研究中心主任，入选 2011 年教育部“新世纪优秀人才支持计划”，四川省学术与技术带头人，四川省有突出贡献专家，2013 年全国金融教育先进工作者，四川省世界经济协会理事，四川省科技青年联合会常务理事，全国金融系统青年联合会委员，中国金融学年会理事。

6. 杜伟

成都师范学院校长，国务院政府特殊津贴获得者，四川省学术与技术带头人、四川省有突出贡献优秀专家、教育部新世纪优秀人才、教育部文化素质教育指导委员会委员、四川省督学、四川省经济发展战略研究会会长；主持国家社科基金项目 6 项，省部级项目 9 项，获教育部高校科研成果奖、四川省社会科学优秀成果奖和四川省科技进步奖一、二等奖 16 项，获国家教学成果二等奖 6 项、四川省教学成果一等奖 9 项，获中国智库咨政建言“国策奖”等。

7. 张显国

天府第四中学校长，全国杰出德育工作者，成都市特级教师，成都市首批未来教育家，四川师范大学硕士研究生导师；主持主研国家、省、市级课题 6 项，获得教育部首届基础教育国家级教学成果二等奖、中国教育学会优秀科研成果一等奖、四川省人民政府第四届教学成果一等奖。

8. 季玲

成都市温江区第二中学校党委书记、校长，中学高级教师，成都市德育先进工作者，温江区学校管理带头人。

序一

五德财商：国际视野与中国智慧的结合

正所谓“开门七件事，柴米油盐酱醋茶”，生命的存在与发展离不开基本的物质和资源。而人们赖以生存、发展的物质又千差万别、多种多样，因此能交换几乎所有资源的一般等价物——货币就非常重要了，它是我们日常交换衣、食、住、用、行必须具备的东西，所以人们常说“钱不是万能的，但没有钱是万万不能的”。那么，“钱”到底是什么？从哪里来？该用到何处？应该如何正确看待？物质财富与人生幸福又有怎样的关系？探究和回答这些问题，正是我们出版“国民金融教育之青少年五德财商系列教材”的初衷——探讨关于财富的智慧，也就是财商。

当今世界，随着社会经济的迅速发展，财经理论和实践不断演进，世界各国创造了数不胜数的金融思想、金融工具和市场规则。这就要求我们每个人、每个家庭、每个企业甚至政府，都必须具备一定的金融素养和财经智慧，也就是必须有“财商”，这样才能更好地应对日益复杂的经济金融环境。

那么“财商”究竟是什么意思呢？现代意义上的“财商”一词，由美国作家兼企业家罗伯特·T.清崎和莎伦·L.莱希特在《富爸爸穷爸爸》系列丛书中首次提出，意为“财务智商”，即管理财务、创造财富的智商。这一概念在进入中国后，学术界和实务界虽从不同维度开展了大量的研究和探索，但到目前为止，各界仍未能就“财商”的概念与内涵达成共识。

人类赖以生存的地球环境和资源是公共的，这是全人类创造和使用财富的基础，所以不同的个体或组织在经济活动中必然相互影响、彼此作用，既可能存在冲突，也可能形成合作。因此，财富的创造和使用，不仅仅是个人行为，也不只是个别家庭的行为，而是社会行为。学习财商的目的，就是要学会思考在创造人生财富、实现人生幸福的过程中，怎样才能找到能同时善待自己、他人、社会和环境的最优解决方案，以避免不必要的冲突，争取最广泛的合作，从而降低行为成本，进一步提高行为效率。因此，财商绝不只是经济学的概念，它还涉及哲学、社会学、伦理学和心理学等多学科的内容，是一门综合性极强的学科。

纵观目前国内财商教育相关的出版物和课程，我们发现其中绝大部分直接沿用了当前美国、英国和日本等国家的财商教育内容与体系。虽然这些国家现代意义上的财商学起步较早，发展也较完善，但不同国家在文化、伦理、哲学等方面的差异是不容忽视的，因此只有将我们自己的国情、文化和社会价值观等内容有机融入，才能构建适合我国实际情况和历史文化特点的财商学体系。

事实上，现代意义上的“财商”虽是外来词，但财商的内涵却早已植根于我们的传统文化之中，并有着十分准确和精练的表述。两千多年前的《易经·坤卦》里，我们的祖先就讲“君子以厚德载物”，阐明了“德”与“物”的关系；而《国语·晋语六》里也提出，“唯厚德者能受多福，无福而服者众，必自伤也”；唐朝名相张说在其《钱本草》中，则从中医五行生克和药性理论的角度，为金钱列出了“七性”，生动地阐释了金钱的基本特征。纵观我国历代对“财富”和“金钱”的讨论，可以发现其中一个共同之处，即认为“德”为“物”之基，厚德方能载物。

秉承这一核心理念，可知财商不同于财经“知识”或“技能”，其根本应为财德，是一种正确认识、看待、获取和使用财富的智慧。而智慧，不同于智力或知识。例如，智力或知识使人类具备了发明原子弹的能力，但阻止人类使用原子弹所依靠的却不是这种能力，而是懂得如何平衡各国利益、促进共同发展、避免冲突与战争的智慧。人类运用智力开发了大量金融工具，其中有些工具的威力不亚于原子弹。如 2008 年，次级债的财务杠杆就给全球带来了金融海啸。而指导人们如何正确使用这些工具，需要的却是财经智慧，也就是财商。例如，商业银行体系发明了利用财务杠杆赚取利润的机制，为各商业银行无限扩大财务杠杆提供了可能性，但《巴塞尔协议》系列文件，对商业银行过分扩大财务杠杆危及全球金融安全做出了限制。

因此财商讨论的，不只是财经知识，也不只是使用金融工具的财经技能，而是从财经角度出发，探讨如何统筹运用一切资源帮助人们实现财富自由、家庭幸福、国家太平和世界大同，其中涉及基本理念、思维方法、行为习惯、态度和情感等。

获得财富须先修德，一个“修”字，表明德源于我们的所作所为，也就是我们的行为。通常认为，财经行为主要分为五种：用钱、挣钱、保钱、投钱和融钱。但这五种财经行为只有在符合某种规范和标准时，才能真正修德，成为财德之源。这个标准，从我国传统文化来看，正好对应“五常”，那就是：用钱之德源于仁，挣钱之德源于义，保钱之德源于礼，投钱之德源于智，融钱之德源于信。这也正是“五德财商”的基本内容。

用钱之德源于仁，指在财富的使用上，要“以善为本”，对自己或他人均有所助益。如餐桌上的铺张浪费，就不合乎“仁德”，因为虽然钱财是个人的，但资源属于全人类，表面上浪费的是个人财富，实际上糟蹋的却是全人类的资源。

挣钱之德源于义，指“君子爱财，取之有道，无道之财不可受”。通过造假、欺瞒等非法行为（如“地沟油”“假疫苗”等）赚取“黑心钱”即属不义之财。这类不义之财不但不能挣，还应该坚决抵制，因为这种“不义”之行，严重损害了他人的合法权益，损害了社会正义和公平。

保钱之德源于礼，指人们要清楚自身认知能力的局限性，对客观存在的不确定性、未知事物要保持应有的敬畏和尊重。自觉遵守市场规则、法律法规以及社会礼仪，是养成这种习惯的基础，也是他人考察我们做事风格和行为底线的重要内容。

投钱之德源于智，指人们在投资时，应充分了解自身在投资项目中或使用投资工具时的权利、责任和义务，在看到收益的同时能了解背后的风险。例如，有人被维克币、e 租宝、不良 P2P 的高利诱惑而遭受重大损失；再比如，有人使用财务杠杆不当，以数倍于自有资本的融资炒股最后血本无归……悲剧的发生，都是因为不懂、不明、不畏风险，错误地把赌博当成了投资。

融钱之德源于信，背后的内涵是“人以信立”，人没有信用则无法在社会上生存和发展。如果一个人在经济生活中失去了信誉或信用太差，则很难融资，也就没有机会利用“信用资本”快速发展。在日常生活中也是一样，言而无信的人不可能交到真正的朋友、积累自己的人脉、组建自己的事业团队。

在事事讲究“团队合作”的时代，失去信任而没有团队，将寸步难行。

可见，财商的核心是财德，有德方能有所得，无德则不得，无德而得反受其累。财商五德与儒学五常存在这样的内在联系并非偶然，其根本原因在于财富与幸福之道的本质就是做人之道。个人的行为，本来就应该符合家庭、社会、世界共同价值的要求——五行之常，也就是让自己的行为符合社会对人的最基本要求，让自己成为一个“合格的人”。财德只是“做人之德”的一部分，必然要符合“做人五常”的要求，才有可能广辟财商五德之源，筑好财商的根基，进而积累人生财富，实现“修身、齐家、治国、平天下”的理想。

愿同学们从本系列教材中学有所“德”，进而在追求财务自由和人生幸福的道路上真有所“得”！

曾康霖

序二

探索“经世之智、济民之慧”

过去二十多年，美国、日本、英国等西方发达国家越来越多地将财经素养教育纳入国民教育体系，使其成为中小学甚至幼儿园的基础教学内容。世界各国已基本形成共识，那就是，对一个人的事业成功、家庭幸福而言，财商或财经素养与智商、情商同样重要，三者合称为21世纪人才必备的“三商”。在这一国际趋势和背景下，我国目前市面上的财商书籍和课程，普遍具有如下三个特征：

一是向“财经奥数化”方向发展，即把大学财经专业的知识、专业财经人员的工作技能，直接简单切割和分解后灌输给青少年甚至儿童。这一做法的“好处”是，“成果”清晰可考，容易出“成绩”；不足之处是，过早让青少年陷于财经之“技”而弱于“道”，容易只见树木不见森林；另一个更大的潜在问题是，将财商课程设计成另一门“为考试而生”的“财经语文”或“财经数学”，不顾青少年的年龄特征和认知规律强行灌输大学知识，容易引起青少年对财经领域的反感，拔苗助长，适得其反。

二是过于偏重财经游戏或故事而缺乏系统、专业的规划和安排，相关知识和理念显得零乱、碎片化而缺乏整体性。如何在青少年这个教学层次中体现出知识的系统性和结构性，既要浅显易懂，又要在同一年龄段和不同年龄段之间形成体系，浅出的同时还要深入，这样的要求确实是非常具有挑战性的。

三是目前市面上的财商书籍多数是直接照搬国外财商书籍的相关内容，未能结合我国的传统、文化、思想和社会实际，脱离了学生的生活环境，不利于学生及时、有效地应用所学到的知识。

“财商”虽是外来词，但在我国浩如烟海的历史典籍中，不乏对财经问题的深刻阐释和精彩讨论，虽然名称上不叫“财商”，但其核心理念和思想却与西方对“财商”的定义不谋而合。甚至有学者考证认为，西方“经济学之父”亚当·斯密的“无形之手”，完全可以追溯到司马迁的《史记·货殖列传》，而老子“无为”主张下的“自然经济”观，儒家以仁为本基础上的“君子爱财，取之有道”，《商君书·定分》中对“一兔群逐”与“卖兔者满市而盗不取”的比较所体现出的产权思想等，都充分表明中国文化中有许多闪光的财经思想是值得我们继承和发扬的。

近年来，党和国家也充分意识到财商教育的重要性，出台了一系列文件和政策推进这项工作。作为历来高度重视投资者教育的券商，华西证券股份有限公司提议我们共同研发一套用于青少年财经素养教育的教材，这与我素来希望向全民普及财商教育的想法不谋而合，为此，我们共同聘请了专家委员会成员，组建了编写团队，开始这项探索性工作。经反复磋商和讨论，我们为这套书提出了以下基本构想：

一是系统安排上，将“修身、齐家、治国平天下”的传统人文理想，与青少年成长、发育的阶段相结合。整套教材分为四册，分别适用于小学低段（1～3年级）、小学高段（4～6年级）、初中段和高中段。四册的主题分别为：财富与价值、家庭与传承、企业与梦想、社会与责任。因此，这套系列教材，既是“独立的”，可以单买单用；又是“连续的”，循序渐进效果会更好。

二是内容安排上，遵照“六合”的基本原则，即“古今、中外、财情、知行、亲子、课堂内外”相互结合。例如，我们将美国政府所提出的五“钱”，即用钱、挣钱、保钱、投钱和融钱的五“技”，分别对应于我国传统“仁、义、礼、智、信”的五德，突出了技背后的德，以及德背后真正的智慧。

这套书的另一个特点，就是在教学内容和教学过程中，力求“三商”统一，学以致用。本套教材的编写目标，不是应试、不是为了参加某种比赛做应急准备，也不强调死记硬背某些财经知识点，更强调财经思维习惯、思考方法的培养，重在提升解决问题的能力和增进财经智慧。我们强烈建议，家长们以帮助孩子学习财商为契机，亲子之间共同研究、讨论，并在家庭内具体加以应用，让您的家庭更加幸福美好。

三是教程设计上，我们强调一切以受教育的孩子为中心，知识要靠孩子自己去发现，而不是老师去灌输；智慧只有在深度思考中才能获得，绝不是和电脑比数据存储能力。因此，书中很多财经知识点，我们会极力避免直接去“点透”，也不会给出所谓的“标准”定义或概念，而是故意留给孩子们去发现。为了教学方便，我们也在每课后列出了各课的财商思考点作为提示。

再次重申，本套教材的编写目标，不是培养“考试机器”或“竞赛兔子”，而是培养具有财经智慧、拥有幸福人生的未来中国人。因此，虽然本套教材可以作为财商或财经素养学习的知识性丛书，但其真正更为重要的作用，是全面提升财经智慧的行动手册，增进家庭互信、互谅和家庭幸福感的亲子关系建设用书，以及训练青少年组织与领导力的指导书。

本册《社会与责任》的主题是“平天下”。正如《礼记·礼运》中所说：“大道之行也，天下为公。”财富是个人的，更是社会的，背后原因是“人本身就是社会的”。本册的目标是引导读者从整个社会的角度对财富的本质、财富的源泉、财富的使用和财富回归社会进行思考，以更好地理解财富和人的“社会性”，以更好地承担起对社会的责任，在充分理解财富“源于社会”的基础上，明白为什么以及如何实现财富的“归于社会”。

第 1 ～ 4 课以“经济关系”为起点，从前三册分别以“个人、家庭和企业”为中心的视角，转到对不同主体之间“经济与非经济关系”的思考，为进一步从社会角度认识和了解财商奠定基础。从人与人、人与组织之间的经济与非经济入手，在学习如何区分经济与非经济关系后，通过对竞争、合作、依附与独立等不同经济关系的分析，揭示出单一经济主体与社会其他主体间错综复杂的关系，希望能启发读者对个人在社会经济中的角色、作用和价值的思考。

第 5 ～ 8 课则是对“经济组织”的讨论。经济关系的明晰化、制度化和固定化，使不同的经济主体形成相应的经济组织，包括正规和非正规的各种经济实体，如企业、上下游及横向企业间构成的行业、行业自律组织与外部监管机构、中介机构和政府职能部门等。探索它们在不同经济活动中拥有的权利和承担的责任，将有助于读者认清经济组织的本质。其中，鉴于金融业在社会经济中所处的“核心”地位，故列专章对金融体系与社会资源配置的关系做了讨论。

第 9～12 课，围绕不同个体、机构、组织以及国家之间经济关系的合理性、正当性及其合法权益的保护、责任的承担等来展开，核心是如何平衡和调节不同主体间的利益关系，重点讨论了产权制度的重要性，经济、社会与制度的关系，法治效率与经济发展间的联系以及国际经济秩序问题。这几课的目的是将读者带入法治和国际视野，帮助读者对“平天下”之策进行思考。

第 13～16 课，讨论“财富与拥有财富的人的社会性”问题。重点对获取和拥有财富时的社会道义与责任、财富分配和使用中的公平与效率、消费与投资之间的相对性和互换性，以及“终极财富”问题进行讨论。其中，终极财富问题的引入，一方面是对财富本质做更深层次的思考和探索；另一方面也是引导读者看清一切财富的本质，不仅能“看见财富、获得财富、使用财富”，还要能“看透财富”、超然于财富之外，获得真正的财务自由、身心自由和灵魂自由。

有人讲，“做科普非大师不可”，笔者深知自己离大师何止十万八千里之遥，却仍不揣冒昧编撰这套教材，一方面，是得到了真正大师们的帮助，特别是西南财经大学中国金融研究中心曾康霖教授、刘锡良教授、王擎教授、李建勇教授，以及四川师范大学杜伟教授的悉心指导，这给了笔者极大的支持与勇气；另一方面，也是本着抛砖引玉的目的，先抛出这块简陋的砖头，希望引出更多的美玉来。

本册《社会与责任》无论从所站的高度、视野的宽度还是对财富问题探讨的深度上，都比前三册更为复杂。在如此短的篇幅里，要探讨如此众多抽象且综合性很强的话题，还要能讲明白，确实任务十分艰巨、很有挑战性。能如期完成本册内容的编撰，离不开华西证券股份有限公司杨炯洋总裁的指导和帮助，温江二中季玲校长、天府四中张显国校长及师生团队提出的宝贵修订意见；也感谢西南财经大学中国金融研究中心的硕士研究生林艇、张西萌、尤华政和袁伟同学在初稿撰写中所付出的艰辛努力；感谢西南财经大学出版社的何春梅老师、冯丹老师和周晓琬老师的精心策划、排版和校订，还有谢莹老师为本书绘制的精美插图，以及其他为本套教材提供帮助的老师、同学和朋友们，在此谨一并致以诚挚的谢意！

书中难免有不当和错漏之处，欢迎广大读者朋友批评指正，有任何意见和建议，请电邮至 panxl@swufe.edu.cn，不胜感激！

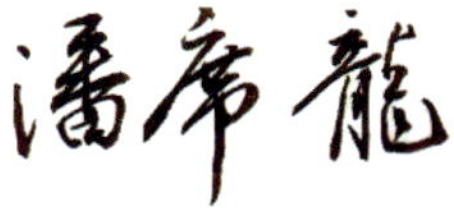

2020 年 7 月于学府尚郡

序三

国民金融教育，从青少年做起

金融教育已经成为全球重点关注的热点话题。从国际上看，美国、英国、日本、澳大利亚等国家都早已将金融教育纳入国民教育体系，要求从基础教育阶段开始教授学生金融知识，培养学生的金融意识。新中国的金融教育，早期主要体现在高等教育中，如各大学设立了金融等相关专业；随后拓展到中等职业教育，如银行学校等；后来，由各证券公司主导的“投资者教育”出现，主要强调提高投资者的投资能力和金融素养，从而更好地保护投资者的合法权益。

从投资者教育的发展来看，中国证监会在2000年发起和推动了一场在中国证券市场历史上空前的投资者教育“运动”，正式拉开了我国投资者教育工作的序幕，早期教育的对象主要是市场上各类投资者。随着时代的发展和投资者教育研究的深入，越来越多的专家、学者和监管机构纷纷表示，要想真正做好投资者教育工作，必须将其纳入国民教育体系，从基础教育阶段开始进行金融教育，促进国民金融素养的整体提升。

目前，我国投资者教育工作已经步入一个新的发展时期——转型期，即从强调投资者教育向国民金融教育转型的时期。2017年7月，中国人民银行在《消费者金融素养调查分析报告（2017）》中建议将金融知识纳入国民教育体系；与此同时，证监会也正在积极推进将投资者教育纳入国民教育体系，推动上海、广东、四川、青岛、宁夏等20余个省、自治区、直辖市开展试点工作，将投资者教育纳入中小学、高等院校、职业学校等各级各类学校的课程设置中。2019年3月，证监会与教育部联合印发《关于加强证券期货知识普及教育的合作备忘录》，指出国民金融教育对社会发展具有重要意义，并重点提出要推动证券期货知识有机融入学校课程教材体系。

可见，促进金融教育纳入国民教育体系，让金融知识早日进入中小学课堂，从小培养学生的财商智慧，提升金融素养，已经逐步成为我国国民素质提升和维护资本市场稳定发展的重要环节。而从成熟市场上的经验来看，国民金融教育的实施通常要依靠政府、金融机构、教育机构、第三方组织等多方的共同努力，才能达到更加理想的效果。在此背景下，华西证券投资者教育基地联合西南财经大学财商研究中心，以中小学生为对象，共同研发了本套“国民金融教育之青少年五德财商系列教材”。

“国民金融教育之青少年五德财商系列教材”以五德财商理论体系为核心，根据青少年的认知发展规律，以《礼记·大学》中的“物格而后知至，知至而后意诚，意诚而后心正，心正而后身修，身修而后家齐，家齐而后国治，国治而后天下平”理念为基础，强调青少年的成长应依循从个人修身做起、关爱自己的家庭、懂得企业运作与管理到社会责任的承担和为社会做贡献这一发展逻辑；同时，本套丛书特别突出了“厚德载物”——投资先投德、积财先积德的基本理念，希望能帮助青少年从小树立正确的财富观、价值观和人生观，并内化为他们未来发展的基本理念。

本系列教材分别针对小学低段（1～3年级）、小学高段（4～6年级）、初中段和高中段四个年龄段，各成一册，共四册。四册书的书名分别为《财富与价值》《家庭与传承》《企业与梦想》《社会与责任》。同时，考虑到青少年对复杂的财经理论难以一次性理解到位的情况，本系列教材规避片面、填鸭式的教学模式，更多地以身边的案例、生活中的故事、细小却深刻的观察为基础，通过对主人公生活场景的故事化叙述，将金融专业词汇恰当地融入教材内容中，让金融知识变得通俗易懂，引导学生发现相关问题及其背后蕴含的道理。

希望本教材能够激发青少年对经济学、金融学和社会学的兴趣，促进我国青少年财商智慧和金融素养的提升。也希望本教材能够帮助家长了解财商教育的内涵和重要性，让家长理解日常生活场景中所隐含的各类财商小知识，从而更好地引导孩子形成正确的财商理念。

翻开查看“本书
内容思维导图”

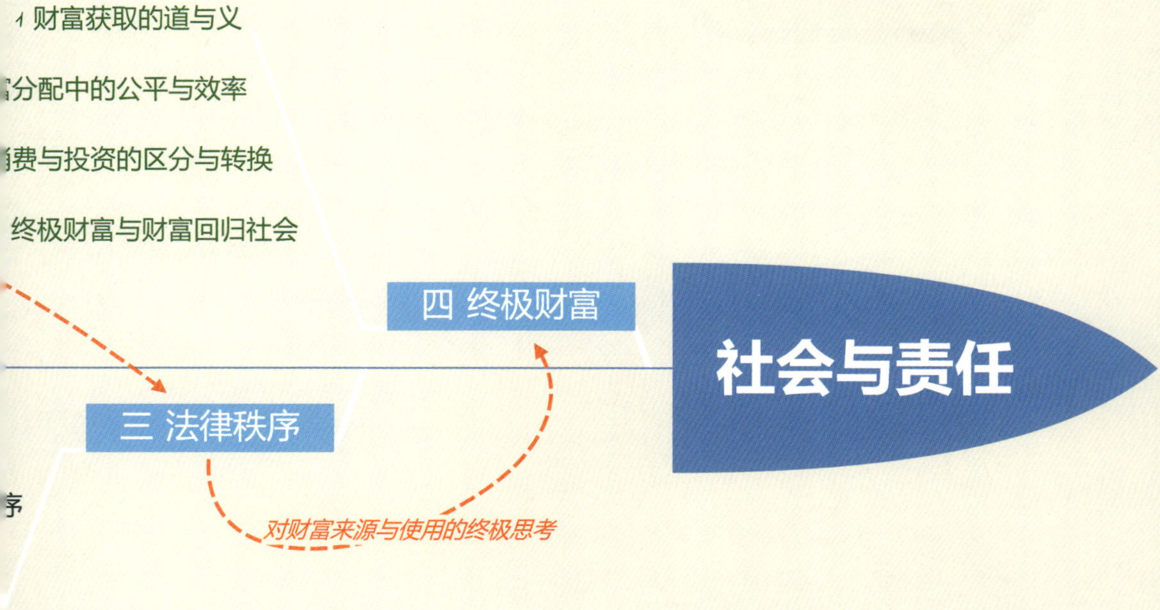
财富获取的道与义
分配中的公平与效率
费与投资的区分与转换
终极财富与财富回归社会
四 终极财富
社会与责任
三 法律秩序
对财富来源与使用的终极思考

维导图

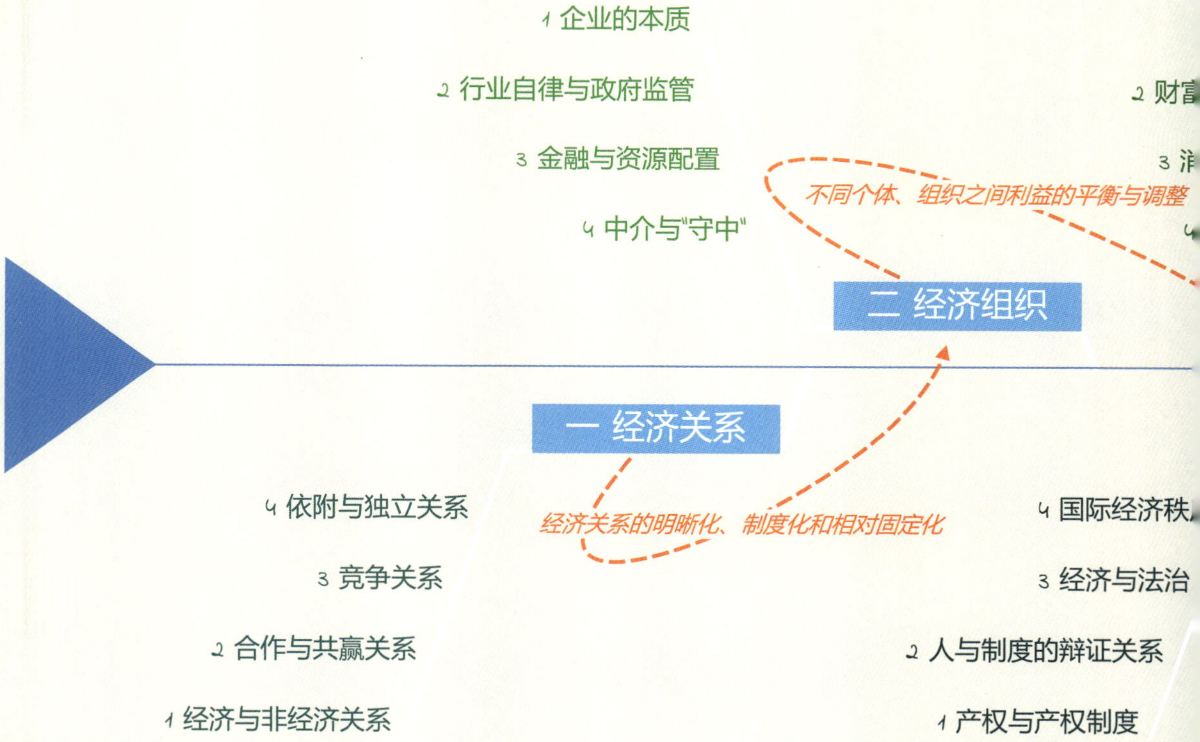
1 企业的本质
2 行业自律与政府监管
3 金融与资源配置
4 中介与"守中"
2 财
不同个体、组织之间利益的平衡与调整
二 经济组织
一 经济关系
经济关系的明晰化、制度化和相对固定化
4 依附与独立关系
3 竞争关系
2 合作与共赢关系
1 经济与非经济关系
4 国际经济秩
3 经济与法治
2 人与制度的辩证关系
1 产权与产权制度

本书内容思

人物介绍

财商明星 赛德

赛德的爸爸 宏义

赛德的妈妈 崇礼

赛德的同班同学 美智

赛德的好朋友 承信

赛德的表哥 咏仁

目录

第1课

经济与非经济关系

人的本质并不是单个人所固有的抽象物，在其现实性上，它是一切社会关系的总和。

——卡尔·马克思[①]

①本句收录于《马克思恩格斯选集》第2版第一卷。卡尔·马克思和弗里德里希·恩格斯是德国著名的思想家、政治学家、哲学家、经济学家，马克思主义的创始人，全世界无产阶级和劳动人民的革命导师。

身边的财商启示

充满忐忑与期待的初三升高中暑假结束后，赛德迎来了高中生活。他上的是本市一所重点高中，学校要求学生统一住校。从此，赛德以前天天都可以回家的生活方式发生了彻底的改变。

开学第二周返校的时候，赛德注意到同寝室的小武带了两箱方便面放在自己的柜子里，就问道："小武，你一周能吃这么多方便面吗？"小武说："我一个人哪能吃这么多，这是准备过几天卖的。""可大家都带有零食，谁会买呀？"赛德又问。小武笃定地说："你到时看吧，肯定有人会买！"

赛德是第一次住校，对住校生活了解不多，于是带着将信将疑的态度"走着瞧"。经过一周的相互了解后，他注意到小武见了其他同学都会"很自然"地提道"要方便面时找我，我带得多！"。

周三，赛德下晚自习回寝室后发现：小小的房间里挤满了人，他们都是来找小武买方便面的。小武带的两箱方便面很快就卖了一箱，剩下的那箱也在周四晚上卖完了。赛德还发现，小武的方便面周三卖的是 6 元 / 碗，周四是 8 元 / 碗。

对赛德提出的价差疑问，小武分享了自己的"生意经"："周一返校大家都会带零食，所以周二之前大家不会来买。到了周三，很多同学带的零食快吃完了，为了早些卖完，我设定了这个差价——想省钱的同学，可以周三把周四的一起买了，只要 12 元；如果分开买，两天则要 14 元。所以，周三的低价，相当于是买两碗的优惠价，而周四之所以不给优惠，是因为周五同学们都要回家，一般不愿意买两碗！"

听完小武的分享，赛德惊叹：“哇，你也太厉害了吧！”

这时小武有些得意又略带羞涩地挠挠脑袋说：“我从初一就开始在学校卖方便面，这些都是慢慢总结出来的。”

对于小武在寝室里卖方便面的事，同学之间有不同的看法和声音——有的同学认为他钻到钱眼儿里了，卖得那么贵，周三和周四的价格还不一样，眼中只有钱，完全不顾及同学间真挚和纯洁的情谊。也有同学认为，亲兄弟都明算账，同学之间也不是不能谈钱，况且学校也没明文规定不能卖。如果嫌贵就自己多带点零食，不去买就是，这是一种大家自由选择、自愿买卖的市场行为，小武是靠自己的劳动赚钱，一没偷、二没抢，适当赚取些差价也无可厚非。

赛德听到这两种说法，感觉都有道理，又似乎各有不足，一时有些分不清谁“对”谁“错”。

财商案例

那，怎么办呢？

周五放学后，赛德回寝室放好书包便赶着回家——终于可以改善伙食了！拥挤的地铁也没能影响他的好心情。

可赛德刚踏进家门，便觉察到氛围不对。走进客厅，只见爸爸和妈妈都静静地坐在沙发上——爸爸眉头紧锁，妈妈不时叹气。他放下行李后简单打了个招呼，也没敢细问，先进厨房烧水泡茶给爸爸和妈妈端了去，然后慢慢试探着问原因，爸爸宏义这才告诉了赛德实情。

2016 年，赛德的大姨父一家看好外贸行业，便筹资 100 万元开了家出口玩具厂，专门生产出口的毛绒玩具。而这 100 万元中有 30 万元是向赛德父母借的，当时约定 3 年后还本付息，年利率象征性约定为 3%。可谁知，项目经营了不到两年，便遇上了“贸易摩擦”，高昂的关税使姨父家的产品在国外失去了成本优势，卖不出去了！到 2019 年年底，工厂因连续亏损而不得不停产关闭。在盘点清算后，发现公司就只有生产设备还能值 30 万元左右。

听到这，赛德插了一句：“还好！把设备处理了就可以把钱还给我们。至于利息，要不就算了吧！”

妈妈崇礼摇摇头叹道：“你能想到不收姨父他们的利息，这很好！但现在的问题是，除了欠我们的钱，你姨父当时还抵押了自家的房子向银行贷了 30 万元。银行听说玩具厂停产关闭后，要求他们必须在第一时间偿还银行贷款。”

“姨父和我们家是亲戚，肯定会先还我们的钱吧？”

“银行贷款协议规定得很严格，如果这些设备变卖后的钱款不第一时间偿还给银行，银行就会拍卖姨父他们家的房子，用拍卖所得的钱来还款。你能忍心姨父他们一家流落街头吗？”爸爸宏义说道。

想着姨父和姨妈待他那么好，赛德觉得这肯定不行：“那，怎么办呢？”

“所以只能先偿还银行的贷款！不过，好在一开始你姨父他们是向银行申请的贷款，利率不算高，条款虽然严厉，银行都是依照合同，合理合法地收款。当时，你姨父嫌银行贷款手续麻烦，本想简单地借高利贷，也就是通常说的‘水钱’，被我和你妈妈坚决挡了下来。也正是这样，我们当时才给他垫了这 30 万元，不让他去借高利贷。”

“如果是社会上的高利贷，会怎样呢？”赛德追问。“那可能还会发生一些更糟糕的事，会有多严重，你可以在网上搜索与高利贷相关的新闻看看！”

一番搜索浏览后，赛德又陷入了更深的思考：同样是借钱，都是 30 万，怎么会如此不同？

补习班的背后

趁着下课时间，赛德准备完成语文课布置的作业，却听到美智和几个同学在讨论报补习班的事情，不禁问道：“你们怎么这么早就开始报补习班呀？高中生活才开始不到一个月呢！”

看着赛德满脸诧异，美智笑了笑：“这哪里算早？有的同学初中刚毕业就报了高中的补习班，我们现在报都算晚的了。”“就是……就是……”美智话音刚落，其他几个同学也一并附和。

赛德听后，连忙问道：“那你们都准备报哪个补习班呀？”

“我准备去‘翰林学府’报班，听说那里的老师都是名师！”

“我也知道那家机构，我们市里有好几家！你准备去哪家呢？”

“我准备去林苑街道那家，听说那边的收费要便宜些。”

“可那家店都是大班教学，如果坐在后面一点，都看不清老师的板书。”

“‘翰林学府’我也知道，都说老师教得好，但就是离我家太远了。我妈准备在‘精英荟’给我报一对一的‘名师家教’，这样老师讲的内容也会更有针对性一些。”

“一对一的名师家教呀！那应该很贵吧，怎么收费的？”

“之前我妈问了下，是有点贵，每次课一千元左右，但我妈说了，如果我成绩能提高，钱也花得值。”

“对了，我听说小林想高二就申请出国，最近她开始猛补英语，请的英语外教，收费就更高了！”

“真是不比不知道，一比吓一跳呢！我还是默默地去我的大班补习吧！”

“哎呀！你已经很幸福啦！我本来想报数学和物理两个班的，但我弟弟最近想去报一个机器人的兴趣班，所以我妈最后只给我报了数学班。”

听着这些价格差异大、形式也很不一样的补习班，赛德心里犯了嘀咕：同样都是补习班，为什么差别这么大——有的班一次课要一千多元，而有的只要一百多元；有的一个班有六七十个同学，有的就一对一。这些不同的补习班背后体现了哪些差异？又折射出了什么样的社会现象呢？

基础讨论

1. 大家对小武在寝室卖方便面赚钱的事情有两种不同的看法。如果你也是小武的同学，你如何看待这件事情？同时，你会怎么做？

2. 为什么赛德的大姨父一家不能先还赛德家的钱，而必须先还银行的贷款？

3. 查资料了解什么是“高利贷”，其风险都有哪些，应如何规避，并进一步思考“为什么有些人会铤而走险借高利贷”。

4. 都是补习班，但背后的形式与价格却差异巨大。在你看来，是什么导致了这些差异？这些差异又揭示了什么社会现象？

拓展讨论

1. 你觉得小武赚同学的钱，会不会影响同学间“真挚和纯洁的情谊”？为什么？并进一步思考该如何理解“亲兄弟，明算账”这六个字。

2. 从赛德的大姨父的案例中，你觉得亲戚间借钱、银行信贷和高利贷之间有哪些异同点，并请进一步分析背后的原因，比如成本、风险等。

在阅读完本案例故事后，请谈一谈你对“人的本质是一切社会关系的总和”这句话的理解。在此基础上，分析本案例故事里都体现了哪些“人与人的关系”，其中哪些是“经济关系”，哪些是“非经济关系”。

财商实践

【主题】

- 我的“朋友圈”

【内容】

- 以自己的社交软件为基地，如对微信、QQ 或其他社交软件上的联系人进行分类，梳理下和这些朋友之间的关系，看看哪些是“经济关系”，哪些是“非经济关系”，哪些是两种关系都有。
- 你觉得经济关系与非经济关系之间可能有哪些联系？相互间可能会怎样转变？为什么需要明确区分这两种关系？
- 古话说“财上分明大丈夫”，请谈谈对这句话的理解。为什么“财上分明”才能算是“大丈夫”？如果不“分明”会怎样？
- 请举例论证分析“社会关系”（比如亲缘关系、地缘关系、血缘关系、供求关系、朋友关系等）对我们的生存与发展的影响。

财商思考点

- 关系
- 社会关系
- 经济关系
- 非经济关系
- 银行贷款
- 中美贸易摩擦
- 房产抵押
- 亲兄弟明算账
- 财上分明大丈夫
- 债权债务关系
- 民间借贷
- 高利贷

第2课

合作与共赢

> 岂曰无衣？与子同泽。王于兴师，修我矛戟，与子偕作！
>
> ——《国风·秦风·无衣》①

①《国风·秦风·无衣》出自中国古代第一部诗歌总集《诗经》。这是一首慷慨激昂、同仇敌忾的战歌，表现了秦国军民团结互助、共御外侮的高昂士气和乐观精神。

身边的财商启示

国庆节，赛德提议回农村老家，每次从大城市回到乡野，赛德总是特别悠闲、自在。

这天，在院子里优哉游哉地喝茶的赛德被妈妈崇礼叫去旁边的小卖部买酱油。刚出大门，想着农村电子支付应该还不普及，他又回屋带上些零钱。在小卖部拿了酱油后，赛德正准备掏现金付款却看到柜台上有支付宝收款二维码，赛德就随口问了句："老板，我能用二维码支付吗？"老板笑着回道："可以呀！"于是赛德打开支付宝扫了下，嘀的一声，还真付款成功了！带着好奇，赛德追问道："没想到电子支付普及度这么高！请问，您是什么时候开始用二维码收款的呢？"

“嗨，之前有段时间，我每次打开支付宝，总是提醒可以免费打印收款二维码还包邮，我想反正也不要钱，那就试试呗！用了后，确实方便！收钱都不用找零。后来又弄了个微信支付，大家来买东西就更方便了。”老板笑着对赛德说。

从店里出来后，赛德有些疑惑了：从小父母就教育自己“天底下没有免费的午餐”，可这小卖店的老板为什么会收到支付宝免费打印，甚至免费邮寄的二维码呢？难道老板说假话？也没道理呀……到家后，他立马将心里的疑惑告诉了爸爸宏义。

听完赛德的疑问后，宏义笑了笑说：“小卖店的老板没有骗你，这是真的！不仅是他，之前几乎全国所有的门店老板都能免费拿到支付宝的收款二维码。至于为什么支付宝会免费给他们，那是因为通过这张二维码，支付宝就建立起了与这些门店的合作关系。一方面，支付宝使老板收钱更加方便和安全；另一方面，支付宝也能从中赚更多的钱，双方是互惠互利的。”

听完爸爸的回答，赛德更是不懂了：“那支付宝怎么从中赚钱的呢？”“这就需要认真研究支付宝的商业模式了，现在你已经是一名高中生了，相信你能独立思考并解决这个问题。你先查资料自己研究，然后我们再一起讨论，你看如何？”

财商案例

先国家之急

一年一度的全校文艺汇演在十月的第三周周五晚举行。国庆节前，赛德所在的高一二班便商定好了节目——《将相和》[①]舞台剧。虽然既没参编也没参演，但作为积极的后勤工作者，赛德觉得自己有必要对故事的全部内容也有所了解。所以国庆节从老家收假回来后，赛德便在网上搜了《廉颇蔺相如列传》[②]全文以了解完整的故事。

以前小学只学过《完璧归赵》，没想到后面还有这么多内容，赛德越往后看，发现故事越精彩……

其后秦伐赵，拔石城。明年，复攻赵，杀二万人。

秦王使使者告赵王，欲与王为好会于西河外渑池。赵王畏秦，欲毋行。廉颇、蔺相如计曰："王不行，示赵弱且怯也。"赵王遂行，相如从。廉颇送至境，与王诀曰："王行，度道里会遇之礼毕，还，不过三十日。三十日不还，则请立太子为王，以绝秦望。"王许之，遂与秦王会渑池。秦王饮酒酣，曰："寡人窃闻赵王好音，请奏瑟。"赵王鼓瑟。秦御史前书曰"某年月日，秦王与赵

---

①将代指廉颇，相代指蔺相如。

②《廉颇蔺相如列传》，出自西汉司马迁所著《史记》卷八十一。本篇为合传，以廉颇、蔺相如为主，同时记述了赵奢父子及李牧的主要事迹。价值连城、完璧归赵、渑池之会、布衣之交、负荆请罪、刎颈之交、怒发冲冠等典故均出自本篇。

王会饮，令赵王鼓瑟”。蔺相如前曰：“赵王窃闻秦王善为秦声，请奏盆缻秦王，以相娱乐。”秦王怒，不许。于是相如前进缻，因跪请秦王。秦王不肯击缻。相如曰：“五步之内，相如请得以颈血溅大王矣！”左右欲刃相如，相如张目叱之，左右皆靡。于是秦王不怿，为一击缻。相如顾召赵御史书曰“某年月日，秦王为赵王击缻”。秦之群臣曰：“请以赵十五城为秦王寿。”蔺相如亦曰：“请以秦之咸阳为赵王寿。”秦王竟酒，终不能加胜于赵。赵亦盛设兵以待秦，秦不敢动。

在《完璧归赵》的故事里，赛德敬赏蔺相如深谋远虑、机智勇猛。而看到渑池之会这一节，他发现以前忽略了一个人——廉颇。廉颇在送赵王一行出境之际，充分体现了他的忠勇刚直、坦荡豪爽。赛德亦深深折服，不禁感慨，赵王是得廉蔺二人而稳天下呀！

既罢，归国，以相如功大，拜为上卿，位在廉颇之右。廉颇曰：“我为赵将，有攻城野战之大功，而蔺相如徒以口舌为劳，而位居我上，且相如素贱人，吾羞，不忍为之下。”宣言曰：“我见相如，必辱之。”相如闻，不肯与会。相如每朝时，常称病，不欲与廉颇争列。已而相如出，望见廉颇，相如引车避匿。于是舍人相与谏曰：“臣所以去亲戚而事君者，徒慕君之高义也。今君与廉颇同列，廉君宣恶言而君畏匿之，恐惧殊甚，且庸人尚羞之，况于将相乎！臣等不肖，请辞去。”蔺相如固止之，曰：“公之视廉将军孰与秦王？”曰：“不若也。”相如曰：“夫以秦王之威，而相如廷叱之，辱其群臣，相如虽驽，独畏廉将军哉？顾吾念之，强秦之所以不敢加兵于赵者，徒以吾两人在也。今两虎共斗，其势不俱生。吾所以为此者，以先国家之急而后私仇也。”廉颇闻之，肉袒负荆，因宾客至蔺相如门谢罪。曰：“鄙贱之人，不知将军宽之至此也。”卒相与欢，为刎颈之交。

看到最后“卒相与欢，为刎颈之交”，赛德不禁拍手称好！怪不得“将相和”的典故为历代人所传颂，像蔺相如那样宽容大度的能有几人！像廉颇那样率性坦荡的又能有几人！

关掉网页，《廉颇蔺相如列传》的故事情节却久久萦绕在赛德心头……

廉颇的心生不平是能理解的，而之后的负荆请罪更突显了其知错能改、胸襟坦荡的人格，不管是从能力还是人品看，都是当之无愧的“战国四大名将”之一！蔺相如也是真君子！他在受到廉颇如此排挤后仍能不计前嫌，与之交好……这时，赛德心想：要是有人这么不尊重我，我又能不能做到像蔺相如一般宽容大度呢？

忽然间，之前被忽略的一句话重现赛德脑海：吾所以为此者，以先国家之急而后私仇也。

私仇！赛德突然发现，蔺相如对廉颇也是有气、有仇的，之所以隐忍不发，是因为与个人的荣辱相比，他更看重国家利益！是呀！有廉颇与蔺相如二人在，赵国天下方能稳，若此二人相斗，则秦国必会趁此起兵。而廉颇也正是感叹于蔺相如识国之大局，与之相比，作为一国大将的自己，气量着实不够，悔之不及，最后只能“肉袒负荆、门前谢罪”了。

因为“先国家之急”，如此势力相当且不对付的两个人最后竟成“刎颈之交”！想到这，赛德决定回校后一定要向编排舞台剧的小伙伴们建议，在几个故事里重点突出《渑池之会》后《负荆请罪》这一节，尤其要“特写”蔺相如与廉颇二人在这个过程中的心理活动及变化，要处理好了，说不定这出舞台剧能一鸣惊人呢！

第四大经济体？

第三笔投资资金到位后，宏义重新梳理了玩具科技公司的战略发展规划，准备年底启动产品结构升级的新项目，事情愈发多起来；而赛德上高中后，学习任务也加重了不少，虽说只能每周周末回家，但每次回到家，崇礼总是忙前忙后地照顾他。一个周五的晚上，一家人正吃着饭，崇礼把自己近期的一个决定告诉了宏义和赛德——为了能更好地照顾家里，她决定辞去工作。

对于崇礼的这一决定，宏义诧异之余甚是感动，但赛德有些不理解——虽说自古以来都有“男主外，女主内”的说法，但在他心里，妈妈一直是优秀的新时代女性，怎么能就做个“家庭主妇”呢？于是赛德忍不住嘟囔道：“妈，您会甘心只做个家庭主妇吗？”

听到儿子的怀疑，崇礼笑了笑，故意高声回问：“赛德，你觉得家庭主妇怎么了？”

家庭主妇怎么了？赛德一时也回答不上来。为了更好地劝妈妈不要辞去工作，他吃完饭后便回屋上网搜集与家庭主妇有关的资讯，却在浏览网页的时意外看到一篇文章——《家庭主妇的经济贡献》。家庭主妇没有直接参与社会劳动还能有经济贡献？赛德带着好奇点开了文章。

这篇文章是麦肯锡[①]发布的一份研究报告，报告指出——全世界范围内家庭主妇无报酬工作的实际价值高达 10 万亿美元（约合人民币 64 万亿元），如果所有照顾家庭的女性组成一个国家，将成为世界第四大经济体。

天哪！赛德在心里惊呼：世界第四大经济体！经济贡献高达 10 万亿美元！可她们都创造了什么呢？……

第二天虽是周末，但宏义还是早早去公司处理工作了，家里剩赛德和崇礼两个人。

---

①麦肯锡是世界级领先的全球管理咨询公司，是由美国芝加哥大学商学院教授詹姆斯·麦肯锡（James O’ McKinsey）于1926年在美国创建。

上午在陪妈妈去买菜的路上，赛德分享了自己昨晚浏览的信息，尤其对那篇家庭主妇经济贡献文章的理解和思考。听完后，崇礼欣慰地摸了摸儿子的头，也和赛德分享自己做这个决定的原因：

原来玩具公司在筹备新项目后，宏义经常早出晚归，有时候忙得饭都顾不上吃，即使记得吃饭，也只是随便吃点外卖应付一下，所以前段时间经常犯胃病，有一次还晕倒在了办公室，还好及时被同事发现送去了医院。当时，赛德忙着准备期中会考，宏义和崇礼便没告诉他。而赛德上了高中后，学习任务越来越重，还要迎战高考，需要把时间和精力更多地放在学习上。因此，崇礼这才决定在这个阶段先辞去工作回归家庭，一方面，料理三餐并监督宏义好好吃饭；另一方面，精进厨艺，这样每个周末能给赛德好好补补。

最后，崇礼感叹道：“其实不管是‘内’还是‘外’，都是家庭各成员的一种分工，而这种分工都是为了一个家庭更好地发展，因此没有绝对的‘内’，也没有绝对的‘外’！你还记得吗？你小学六年级那一阵儿，你爸公司不是那么忙的时候，家里的家务都是他做的呢！”

听完妈妈的话，赛德一方面愧疚于自己忙于学习竟然不知道家里发生了这么多事，暗自决定以后一定要更多地为父母分忧；另一方面也感叹妈妈的付出，并在心理默默地想——这样的付出，不仅有直接的“经济贡献”，还有“经济”所无法衡量的贡献呢！

基础讨论

1. 请查询支付宝的收付款规则，并回答赛德提出的问题：支付宝与小卖店是一种怎样的互惠互利的 “合作关系”？并进一步说明支付宝在这一过程中都获得了哪些好处？

2. 假如廉蔺二人长期争执不下，可能会给赵国带来哪些影响？为什么说“赵王是得廉蔺二人稳天下”？

3. 赛德在最后认为妈妈辞职照顾家里不仅有直接的“经济贡献”，还有很多经济所无法衡量的贡献。请谈一谈你对赛德这个想法的理解。

拓展讨论

1. 蔺相如敢怒怼强大的秦王，却回避廉颇、隐忍而不发，你觉得原因何在？而如此高傲的武将廉颇为什么在得知蔺相如的真实想法之后，竟愿意“肉袒负荆、门前谢罪”？他们是如何做到合作共赢的？

2. 你们家谁主“内”，谁主“外”？ “内”与“外”是如何协调与合作的？是否做到了“合作共赢”？

3. 你在你们家“主”什么呢？你认为未成年人在家庭中应担当怎样的角色，该承担些什么责任？

财商实践

【主题】

- 无处不在的合作

【内容】

1. 请选定一家上市公司，调查其合作方，从合作目的、合作前提、合作机制、合作效率这几个维度对其合作关系进行评价。

2. 梳理自己家庭成员之间的分工，并对自己家庭的沟通和协作方式、效率进行评价，比如家人间有不同意见时的处理方式与效率，你认为可以打几分？为什么？有没有改进的建议？

3. 请对自己与同学、老师和其他朋友之间的合作关系进行思考和评价，比如：是否有共同的目标？合作机制又是怎样的？效果怎么样？有没有进一步提升的空间？

财商思考点

- 合作
- 分工
- 合作共赢
- 合作前提
- 合作机制
- 合作效率
- 商业模式
- 家庭协作
- 商业合作
- 将相和

第3课

无处不在的竞争

欲穷千里目，更上一层楼。

—— 王之涣[①]

①王之涣，唐朝诗人，代表作有《登鹳雀楼》《凉州词二首》等。

身边的财商启示

赛德就读的这所高中，是全省有名的竞赛强校，几乎每个学生都想成为竞赛队的一员——这意味着不仅能有参赛获奖的机会，还能拓宽视野、锻炼能力。全校共有数学、物理、化学、生物、计算机和机器人编程六支竞赛队伍，按照培优原则，每支队伍每年会在高一年级选拔 15 名在各科表现优异的学生，总共选拔 90 名学生成为新队员，但整个高一年级一共有 500 名学生，因此每年的选拔竞争都异常激烈。

机会终于来了！期中考试后，竞赛队将选拔新队员的消息一公布，整个高一就炸开了锅。很多人都纷纷按照公布的考试范围，积极地做着准备，“竞赛选拔”很快成了整个高一年级学生中最热门的话题。

赛德的数学、物理还有生物都还不错，这让他有点拿不定主意该报哪支队伍，于是打算先去问问“学霸”美智，听听她的想法再做决定。课间，赛德来到美智的座位旁，发现美智正在动员同桌小丹报名。小丹是个文静的女孩，但成绩不是很好，她觉得竞争太过激烈，所以不敢报名。

“小丹，你报一科试试呗，万一选上了，你不仅能学到新知识，还有机会参加竞赛。如果能得奖，为学校争光不说，大学还可能会提前录取你！就算没选上，也没什么损失，就当是一次锻炼，其他学校的同学羡慕都羡慕不来呢！”

“我也觉得报名试试总没坏处，毕竟是难得的机会嘛！”听着美智这一连串的语言攻势，赛德也适时送上助攻。

最终在班上两名“学霸”的动员下，小丹决定报名数学试一试。

随后，赛德咨询了美智该报哪支队伍。美智说，她准备报生物和化学两支队伍，因为最终只能留一支队，所以她决定选择自己最擅长的两门学科报名，这样保险一些。她还告诉赛德，听说所有队伍都是超额选拔，每个月都会有测试，测试成绩排名靠前的有奖励，靠后的会被老师叫去谈话，而最后一名将被直接淘汰出局。

最终，在美智的建议下，赛德决定报名他最擅长的数学和物理，同时也感到了“末位淘汰制”所带来的巨大压力。

两个月后，赛德如愿成了物理竞赛队的正式队员，而美智则入选了生物竞赛队。小丹虽然通过了初选，但在第一个月的排名中被淘汰了，虽然有些遗憾，但参加完竞赛选拔后，小丹的数学成绩在期末有了明显的提升。而最让赛德意外的是，他引以为傲的物理在竞赛队中最好的成绩居然也只能排到第八名，并且稍不注意就会被人超越——看来“省级强队”里的竞争真是不容小觑！所以，赛德暗下决心，寒假也不能松懈，必须紧跟竞赛队的学习安排！

财商案例

超威半导体公司：坚忍不拔的挑战者

赛德家里那台台式电脑已是服役十余年的“老兵”了，眼看春节临近，宏义计划趁着春节打折时买台新电脑。

这周五，赛德刚到家就得知了爸爸换新电脑的打算，于是父子俩决定周末好好研究一番，买台性价比最高的电脑。

之前赛德接触过的电脑搭载的都是英特尔处理器，于是一打开购物网站，就将筛选功能里的“处理器”一栏设置成了“英特尔”。宏义见状，提议道：“最近看新闻里讲超威新一代的锐龙处理器很不错，要不我们也看看？”

“超威？听着很陌生呢……不过也对，人不能老按‘惯性’行事。”赛德表示赞同。

“超威就是美国的超威半导体公司，你可以先了解一下超威，尤其超威和英特尔之间的竞争，他们俩可是几十年的老对手哦。”

几十年的老对手！赛德带着好奇，听从了宏义的建议，决定先在网上搜索两家公司的相关资料，还真找到了一篇完整讲述两家公司几十年竞争的专栏文章。通过阅读，他发现两家公司的起点差异很大，且英特尔（Intel）是长达数十年的霸主，而超威（AMD）则不屈不挠地向这位霸主发起了一次又一次的冲锋……

AMD 与 Intel 的创始人在多年前也算是一家人——两者的创始人都出身于仙童半导体（Fairchild Semiconductor）公司。不同的是，Intel 的两位创始人在业界拥有极高的威望：诺伊斯是集成电路的发明人之一，而摩尔则是著名的“摩尔定律”[①]的提出者。反观 AMD，其创始人桑德斯只是仙童半导体的一个销售员，这使得他的创业之路举步维艰。创始人的差异，注定了 AMD 与 Intel 的发展情况悬殊、资源悬殊，同时也注定了这场竞争从一开始就不在同一起跑线。

由于两家公司在技术储备等方面的巨大差距，从创始之日起，AMD 就一直受到 Intel 的绝对压制。不过近年来，市场形势正发生改变：虽然 Intel 仍是行业的绝对老大，但 AMD 发展势头强劲，不容小视——其锐龙处理器在 2017—2019 年的累计出货量达到了 9 700 万个，三年分别为 2 300 万个、3 100 万个和 4 300 万个，2018 年和 2019 年的增长率分别达 35% 和 39%！

看到这里，赛德更加好奇了，AMD 的锐龙处理器到底是有多强，增长竟然如此迅猛?

在 2017 年之前，PC 处理器市场一直都是 Intel 的天下，人们对 AMD 产品的印象一直都是“便宜，但性能不行”。

直到 2017 年 AMD 推出锐龙系列处理器，这种情况才有所转变。锐龙系列采用了 AMD 自己研发的 Zen 架构，拥有新架构加持的锐龙各方面性能都突飞猛进，打了 Intel 个措手不及。迫于 AMD 步步紧逼的压力，Intel 也不得不做出反击，用了十多年的 4 核心 i7 终于在 2018 年迎来了升级。到了第八代酷睿处理器，i7 已经升级为 6 核心了，到了第九代，8 核心的酷睿终于出现在了家用平台上。

同时，AMD 在 CPU 制作工艺上也在不断寻求突破。近来，AMD 的第四代锐龙处理器已经用上 7 纳米工艺，而 Intel 却仍在好几年前就实现量产的 14 纳米工艺上原地踏步。或许是一家独大的缘故，近年来 Intel 与自家创始人提出的摩尔定律背离得越来越严重。但面对 AMD 的崛起，Intel 这个芯片巨头终于开始发力——不

---

①摩尔定律，是指当价格不变时，集成电路上可容纳的元器件的数目，每隔18～24个月便会增加一倍，性能也将提升一倍。换言之，每一美元所能买到的电脑性能，将每隔18～24个月翻一倍以上。这一定律揭示了信息技术进步的速度。但近来，人们发现摩尔定律越来越难维持，因为信息进步的速度已经越来越快了。

仅在 2020 年要实现 10 纳米工艺的量产，更是在 2020 年 4 月宣布，到 2022 年，Intel 的处理器也将步入 7 纳米时代！

毫无疑问，AMD 的崛起为 PC 处理器市场注入了新的活力。这个英勇的挑战者在与 Intel 进行了四十余年艰苦卓绝、不屈不挠的竞争后，终于成功打破了 Intel 的垄断地位，为自己在 PC 处理器市场打出了一片天地，也为 PC 产业的繁荣和发展做出了巨大的贡献。

读完文章，赛德不禁感叹：“想不到 AMD 这么顽强，而且我们大家或许都应该感谢 AMD——如果没有锐龙的横空出世，我们现在可能还在掏着同样的钱，却只能买到 Intel 的 4 核 CPU 呢。”

宏义笑着回答：“对啊，这就是竞争的作用，良性的竞争可以激发参与主体的活力，提高经济的运行效率，还能增加整个经济体的福利。所以啊，我们现在能以更低的价格买到性能更高的电脑，不仅得益于技术的进步，也是托了超威这个勇敢、顽强的竞争者的福！”

3Q大战

赛德因为入选竞赛队，这次寒假又有集中特训的竞赛课程，所以虽已是假期，但他还是“学校 + 家”两点一线，保持着平时的学习节奏。又是一个周末，他终于能回家休息了！刚到家，赛德就发现之前和老爸一同选的新电脑已经摆在书房。赛德兴奋地打开电源，准备上网冲浪，玩几把游戏。

电脑启动后，看着空空如也的桌面，赛德这才想起，新电脑还没安装常用软件！

于是，他打开网页搜索“装机必备”，发现网页里的装机软件中排名第一的赫然是“腾讯电脑管家”。赛德有些意外——想不到现在腾讯电脑管家的装机量已经这么高了！他记得，家里买第一台电脑的时候，装机必备排第一的还是360安全卫士呢，并且当时就因为抢夺电脑管家的市场，深圳市腾讯计算机系统有限公司（腾讯）还和北京奇虎科技有限公司（奇虎360）大战过一场……诶？这不也是两家公司之间的竞争吗？想到这儿，赛德决定再去收集相关资料，从“竞争”的视角再完整地梳理一下当年的“3Q大战”。

奇虎360于2006年推出主打互联网安全的“360安全卫士”软件，不到一年即成为国内最大的安全软件。2010年其用户数量已经超过3亿，覆盖了75%以上的中国互联网用户，成为国内第二大桌面客户端软件。奇虎360以该客户端为基础，延伸出的免费杀毒软件、浏览器等产品，均获得了成功。

2010年，QQ是国内最火的即时通信软件，活跃账户数达6.125亿。当时，腾讯以QQ为基础，向各个方向拓展，凭借巨大的市场占有率和庞大的客户群体，不断吞噬着互联网的各个领域。终于有一天，腾讯将手伸向了奇虎360的地盘，并由此引发了双方的互掐，被广大网民形象地称为“3Q大战”。

2010年，腾讯推出了QQ医生，作为查杀盗号木马的小工具。但随后推出的QQ医生3.2版本，其界面和功能都酷似360安全卫士。同时腾讯宣布，安装QQ医生就送诺顿防病毒软件半年的使用权，并在春节期间利用QQ后台安装的方式强行推广QQ医生。这架势，分明是要抢奇虎360的饭碗。

看到这里，赛德叹了口气，不断拓展业务线追求发展，这是能理解的，但这种强行推广的手段……

敏感的奇虎360很快意识到QQ医生的威胁，一些正在休假的员工都被紧急召回以应对这起突发事件。奇虎360的快速反应，加上QQ医生本身尚未成熟就匆忙上阵，出现了很多技术漏洞，很多用户试用后陆续卸载了QQ医生，其市场份额也快速降至10%以下。

但腾讯并未就此作罢。2010年5月，腾讯悄然将QQ医生升级并更名为“腾讯电脑管家”。新版软件将QQ医生和QQ软件管理合二为一，增加了云查杀木马、清理插件等功能，涵盖了360安全卫士的所有主流功能，用户体验与360安全卫士极其相似，这让奇虎360措手不及。2010年中秋节期间，QQ软件管理和QQ医生均会自动升级为腾讯电脑管家。很多人都发现自己的桌面上突然多出了“腾讯电脑管家”的图标，还会在开机时自动启动。这是腾讯继2010年春节后的第二次大规模强制安装。

面对腾讯的威胁，奇虎360在2010年9月发布了直接针对QQ的“隐私保护器”，宣称能实时监测曝光QQ的行为，并提示用户“某聊天软件”在未经许可的情况下偷窥用户的个人隐私，这引起了网民对使用QQ的担忧和恐慌。

2010年10月，针对360隐私保护器声称的QQ偷窥用户隐私一事，腾讯正式宣布起诉奇虎360不正当竞争，要求奇虎360及其关联公司停止侵权、公开道歉并做出赔偿，而奇虎360随即表示将提起反诉。

2010年11月，腾讯公开宣称，将在装有360软件的电脑上停止运行QQ，用户必须卸载360软件才可登录QQ。这是奇虎360与腾讯的一系列争执中，腾讯方面最为激烈的行动。广大网友认为，腾讯这是在逼迫用户二选一，已经严重侵犯了他们的权益。

腾讯和奇虎360的这场大战从2010年一直持续到2014年。两大软件公司在争斗中频频弹窗、强制安装软件，甚至逼迫用户二选一的行为，让广大互联网用户苦不堪言。这场大战不仅搞得双方两败俱伤、声名狼藉，更是惊动了工信部和公安部，最终诉至法庭才得以解决。

“看什么呢，这么认真？”赛德扭头一看，发现爸爸正站在门前微笑着看他。

“在看‘3Q大战’呢。我发现，‘3Q大战’是竞争，AMD和Intel之间也是竞争，但最后的结果却完全不同。”赛德说。

“这么说吧，竞争分为良性竞争和恶性竞争，如果是良性竞争，通常就会产生好的结果；如果是恶性竞争，那结果可能就不尽如人意了。至于详细的，就需要你自己去查啦。”

“嗯嗯，那我先把必要的软件装好，再继续查阅！”

基础讨论

1. 你觉得赛德所在学校的竞赛队能成为“省级强队”和竞争激烈的入选之间有什么关系？据此，请结合王之涣诗词——“欲穷千里目，更上一层楼”，谈谈你对“竞争”的理解。

2. 你觉得，为什么同样是激烈的竞争，AMD和Intel的竞争可以为市场注入新的活力，而“3Q大战”却弄得两败俱伤？

3. 请结合AMD与Intel的案例，试着谈谈你对“充分竞争的市场更有效率”这句话的理解。

拓展讨论

1. 在阅读完本课的所有案例后，你觉得为什么“竞争会无处不在”？比如，赛德所在学校的竞赛队为什么每支队伍只选拔15名预备队员，还实行“末位淘汰制”？

2. 请在老师的引导下，收集和整理资料，了解“良性竞争”和“恶性竞争”以及两者的区别与联系。

3. 有人说，“在竞争中，我们真正的对手就是我们自己”。你认同这句话吗？为什么？

4. 你知道“三公”原则吗？请查资料了解“三公”原则，并试着谈一谈本课中的几个案例都体现或者违背了其中的哪些原则。

财商实践

【主题】

- 顺丰与菜鸟之争

【内容】

- 请在老师的引导下，收集和整理相关资料，了解 2017 年顺丰和阿里巴巴旗下的菜鸟网络之间的竞争情况。
- 梳理案例中竞争与冲突产生的原因、竞争的方式和竞争的最终结果。
- 再结合本课的其他案例，进一步思考，竞争有什么好处，有什么坏处；竞争对竞争者和其他人会造成什么影响。
- 你认为这两者之间的竞争是“良性”的，还是“恶性”的？为什么？

财商思考点

- 竞争
- 恶性竞争
- 良性竞争
- 不正当竞争
- 垄 断
- 经济效率
- 君子之争
- 社会福利
- 小人之争
- 与自己竞争
- 三公原则

第4课

靠山山会倒

只有我自己才是我的生命和我的灵魂的唯一合法的主人。

——高尔基①

①高尔基原名阿列克谢·马克西莫维奇·彼什科夫（1868—1936年），笔名马克西姆·高尔基。苏联作家、诗人、评论家、政论家、学者，同时也被认为是苏联文学的创始人。

身边的财商启示

新学期如期而至，还好刚开学这一阵不算太忙，于是周六晚上，赛德应邀去参加了表哥咏仁的成人礼，结束回家后仍是止不住的憧憬与兴奋！

回想起宴会上表哥和他的朋友们相互敬酒、祝福彼此的场景，热烈、豪情的氛围恍惚间再次席卷了赛德，但想到当时的自己只能一边浅尝一口酒后改喝饮料，一边无比羡慕地在一旁看着大哥哥大姐姐们为“自由”干杯……赛德又忍不住连连叹息——哎，还得等两年才满18岁！还得等两年，自己才能最终拥抱绝对的自由……哎！

看到从宴会回来的儿子一会儿开心、一会儿忧愁，宏义不禁问道：“参加完表哥的成人礼，情绪这么丰富？”

赛德连连摇头：“哎！老爸，你不懂，你不懂那种在旁边看着别人‘无限自由’，自己却又不能拥有的感觉！凭什么他们喝酒，我却只能喝饮料，只能在一边眼巴巴地看着他们开心！”

“在表哥的成人礼上，你只看到了‘自由’么？你想想，要是他们喝醉了或者你和他们一起喝醉了，甚至因为醉酒而生出事端，谁来承担责任？你能负责任吗？”

突如其来的一连串提问把赛德从刚才的怅然若失中拉回现实，但还来不及细想，宏义又继续补充：“成人礼是在少男少女达到成人年龄时举行的一种仪式，在中国古代主要是‘冠礼’和‘笄礼’。如果你想了解成人礼的全部含义，可以找点冠礼或笄礼的资料看看……”

带着好奇，不等爸爸说完，赛德便一溜烟地跑进书房打开电脑。随着对传统仪式和意义的了解加深，他发现自己对“成年”和“绝对自由”无限憧憬和兴奋的心情慢慢平复下来，原来成人礼果然不只是“自由”，而自由也不可能是“绝对”的！

凡人之所以为人者，礼义也。礼义之始，在于正容体、齐颜色、顺辞令。容体正、颜色齐、辞令顺，而后礼义备。以正君臣、亲父子、和长幼，君臣正、父子亲、长幼和，而后礼义立。故冠而后服备。服备而后容体正、颜色齐、辞令顺，故曰：冠者，礼之始也。是故古者圣王重冠。①

看到这里，赛德突然想起宴会上被自己忽略的一幕——表哥在席间致辞：“……从今天起，我将以一个成年人的要求，锤炼独特、独立之‘我’，坚毅、果敢之‘我’，不负各位长辈的期望，成就此生、此梦！”

①引自《礼记·冠义》。《礼记》成书于汉代，书中内容主要呈现先秦礼制，体现了先秦儒家的哲学思想。《冠义》主要说明冠礼的作用及其对社会的重要性。

财商案例

奥利奥靠生产“山寨货”起家？

经过前一晚“成人礼”的洗礼后，赛德决定要更多地参与家庭生活，承担起以前被自己忽视了的对家庭的责任——虽然还未成年，但也应在家庭中承担相应的责任。于是第二天一早完成作业后，赛德便先协助妈妈崇礼做厨房的卫生，接着又和爸爸宏义一同去超市采购了生活用品。

回到家，终于可以休息下了！喝着普洱茶，赛德觉得此时来点小饼干刚刚好，于是拿出一盒奥利奥，拆开吃了起来。这时爸爸宏义忽然开口问他：“你从小就喜欢吃奥利奥饼干，那你知道它是怎么发展起来的吗？”

这还真把赛德给问住了，以前都只顾着吃了！喝口茶，咽下嘴里的饼干，他老实回答:“不知道呢,不过老爸你这么问,是不是奥利奥的发展史有什么特殊的地方？”

“嗯，你的直觉很准。奥利奥发展史中的特别之处就是：奥利奥是靠生产‘山寨货’起家的，还被认为是‘全球最成功的山寨货’。”

宏义这句话惊得赛德差点没拿住手里的饼干。什么？这么有名的奥利奥一开始居然是山寨货？好奇再次驱动赛德小跑进书房,打开电脑一搜“全球最成功的山寨货”果然就搜到了奥利奥……

奥利奥诞生于 1912 年，当时还有一款饼干叫作 Hydrox。那时的 Hydrox 名气已经不小，但刚起家的奥利奥却举步维艰。奥利奥最早的产品是柠檬口味的饼干——在两块饼干中间夹了柠檬酱和一点巧克力，跟奶油毫无关系。不得不说，这时候的奥利奥口味的确不怎么样，销量也十分惨淡。

与 Hydrox 火爆的销量相比，奥利奥知道自己必须得想想办法才能突破困境，于是灵机一动打起了 Hydrox 的主意——直接模仿 Hydrox 最经典的巧克力奶油夹心饼干，甚至还模仿了 Hydrox 的包装。这些做法让奥利奥迅速实现了逆袭，为此 Hydrox 起诉了奥利奥，但是当时的法官认为，圆形作为饼干的基本形状、饼干夹奶油作为基本食品加工方法都不能申请专利，奥利奥的包装和 Hydrox 也不是完全一样，不能算是抄袭，也就没有制裁奥利奥。

就这样，奥利奥赢得了宝贵的机会，借着模仿 Hydrox 有了一定的销量，但这时的奥利奥在口味和工艺上并不比 Hydrox 先进，甚至还不如 Hydrox。奥利奥知道，这样的模仿不是长久之计，一次侥幸的擦边球，并不能带给公司长久的发展。于是他们聘请了大量的顶级面点师，不断改进制作工艺，让制作出来的饼干更加香甜酥脆。与此同时，奥利奥还在口味上不断创新，开发出了很多 Hydrox 没有的新口味。最重要的一点，奥利奥培养起了属于自己的企业文化：他们会为自己的每一种饼干附上一种深刻的内涵。比如最经典的黑色巧克力饼干夹白色奶油这款，就代表着黑人也有纯洁善良的内心，象征着反对种族歧视、人人平等的观点。在这些基础上，奥利奥还重新设计了包装和宣传广告，开始

大力宣传自己的产品。

相反，Hydrox 没有把奥利奥这个模仿者放在眼里，还是靠着自己最得意的巧克力夹心饼干安然度日，殊不知早已被奥利奥远远地抛在了身后。奥利奥的市场越做越大，等 Hydrox 反应过来的时候，已经无力回天。现在，奥利奥已成为世界上最出名的饼干之一， 而 Hydrox 虽然没有消亡，却已经不能和现在的奥利奥相提并论了……

看完整个历程，赛德一方面感叹奥利奥果然是“全球最成功的山寨货”，另一方面又觉得奥利奥的成功，似乎又不仅是生产山寨货那么简单！

成也萧何，败也萧何

高中阶段的学习和生活总是忙碌接着忙碌，转眼，又迎来了学期期末。赛德也全身心地投入到紧张的复习之中。中午食堂就餐，交流完复习心得的小伙伴们开始闲聊起来，其中小武非常开心地和大家分享了一则信息：最近，Steam 开启了一大波促销活动，不仅有大量游戏打折，还宣布平台上的很多游戏都可以免费玩！

这把赛德听得心痒痒啊，可是现在得复习考试，不能玩游戏！不过转念又想，不玩就不玩呗，看看有关的新闻报道解解馋也是可以的嘛。于是回寝室休息后，赛德一边这样想着，一边在网页上浏览相关的文章，这时一篇关于“曾经中国最牛游戏商”的文章引起了赛德的注意……

在网易公司和暴雪娱乐公司（暴雪）的蜜月期到来之前，暴雪在中国的游戏代理商是一家叫作奥美电子的游戏代理公司。

奥美电子成立于 1996 年，是国内游戏行业的先行者之一，在游戏市场耕耘七年后，成长为一家年销售额超过 5 000 万，PC 游戏市场占有率第一的龙头企业。当时的奥美电子在中国拥有数量超过千万的游戏玩家，发行的游戏占据了国内 PC 游戏市场的半壁江山，地位比起现在的 Steam 是有过之而无不及。

看到这里，赛德不由得有些吃惊，原来早在十几年前中国就有这么厉害的游戏代理公司了，甚至还超过了 Steam。可最后为什么销声匿迹了呢？带着这个疑问，赛德接着往下读。

1997 年，奥美电子在竞争激烈的国内游戏市场找到了自己的发展道路，那就是专门代理国外的单机游戏并进行销售。同年，奥美电子引进了《魔兽争霸 2》和《暗黑破坏神 1》，两款游戏一经发售便成为当时的主流游戏。不像天书般的游戏译名——《老头滚动条》[①]，奥美电子在游戏文本的翻译上非常严谨，这一点受到玩家们的广泛好评。从代理《魔兽争霸 2》开始，奥美电子便独揽了暴雪游戏在国内的代理权，并为中国游戏界贡献了诸如《魔兽争霸》《星际争霸》《暗黑破坏神》等经典的游戏译名。

久而久之，奥美电子逐渐成了暴雪的“御用代理人”，在游戏市场上顺风顺水。但“养尊处优”的生活逐渐磨去了奥美电子积极求变的意志和那一份独一无二的市场洞察力，从而没能继续精准把握住瞬息万变的市场机会。

随着互联网的普及，网络游戏逐渐成为游戏界的主流——网游的时代来临了。

2004 年，暴雪的新一代网络游戏《魔兽世界》即将上市，常年代理暴雪游戏的奥美电子顺理成章地成为《魔兽世界》的拟定代理商。然而暴雪娱乐对此次的代理商增加了“有成功运营网络游戏的经验”这一要求，这对没有运营过任何网络游戏的奥美电子而言无疑是巨大的挑战。奥美电子顿时慌了，它这时才后知后觉地感知到了时代的变化。

为了拿下《魔兽世界》的代理权，奥美电子在 2004 年匆忙代理了《九龙争霸》《孔雀王》和《开天》三款小众网游。奥美电子本以为凭借多年的单机游戏代理经验可以轻松搞定这三款游戏，而且也相信只要不是太糟糕，暴雪那边凭借多年的“情分”

---

①老头滚动条指的是一款角色扮演游戏。最早引进这款游戏时因为翻译人员直接采用了机器翻译的结果，导致游戏名称翻译错误。游戏英文名是“The Elder Scrolls”，正确的译名应该是《上古卷轴》。

应该还是会让它来继续代理《魔兽世界》。但没想到的是，由于市场战略的错误，《孔雀王》仅在宣传阶段就宣告失败，成为中国第一个还在测试阶段就关服的网络游戏，而其他两款游戏也惨不忍睹。这样一来，奥美电子不仅没能成功进入网络游戏市场，拿下《魔兽世界》的代理权，反而连之前经营单机游戏积累的资源也被消耗殆尽。

从那之后，暴雪便停止了对奥美电子代理自家游戏的授权，失去了暴雪这颗参天大树的庇护，奥美电子也就没有办法再在激烈竞争的国内游戏市场继续生存和发展，一代游戏代理巨头就这样慢慢淡出人们的视野并最终走向了破产。

看到最终走向破产、退出市场的奥美电子，赛德唏嘘不已：与暴雪的关系既让奥美发展壮大，也让其脆弱不堪，且最终因暴雪“一变而亡”！真是成也萧何，败也萧何！可，如果奥美电子在自己的黄金时代仍然像以前那样积极进取、紧跟时代潮流、提前布局互联网，而不是一味依靠暴雪，想必最后也不会如此惨淡离场。赛德禁不住开始思考：在企业生存与发展的历程中，有一棵参天大树庇护、依靠，到底是好事还是坏事？

基础讨论

1. 你如何理解表哥咏仁在自己成人礼宴会上的致辞——“从今天起，我将以一个成年人的要求，锤炼独特、独立之‘我’，坚毅、果敢之‘我’；不负各位长辈的期望，成就此生、此梦！”

2. 在老师的指导下，请收集、查阅资料，了解古时的“冠礼”与“笄礼”，并据此讨论“成人礼”对一个人的意义到底是什么。在了解完冠礼的内涵和流程后，赛德感叹“自由也不可能是‘绝对’的！”，请谈谈你对这句话的理解。

3. 你觉得奥利奥为什么能成为“全球最成功的山寨货”？同时，结合其他具体的商业案例，请谈一谈你是如何看待、理解“山寨货”这一现象的。

4. 请问奥美电子在网络时代来临之时为何会如此不堪一击？如果你是奥美电子的管理者，你能想到什么办法来避免这种情况呢？

拓展讨论

1. 你认为一个人要满足什么条件才能算作“独立”？请结合本课的案例，说说你对“自由”的理解。你觉得，“独立”和“自由”之间有什么联系吗？

2. 请结合奥利奥的例子，说说在企业的发展中，“模仿”和“创新”各有什么利与弊，两者之间有什么联系。

3. 你觉得奥美电子游戏代理公司成功和失败的原因分别是什么？结合这个案例，从“依附”和“独立”这两个维度出发，你觉得一个企业从最初创建到后期成长，需要注意的地方有哪些？

4. 请分别站在个人和企业的角度，讨论“靠山山会倒”这一说法，在此基础上进一步说明应如何处理“充分利用一切可用的资源”与“独立自主”之间的关系。

财商实践

【主题】

- OEM（original equipment manufacture, 原始设备制造商）的利与弊

【内容】

- 查找与 OEM 相关的资料，试着了解这种模式，比如有哪些权利、要遵守哪些限制等。
- 选定一家 OEM 企业，了解企业的主要产品、上游厂商及下游客户，梳理企业的产业链结构。
- 请结合自己查找的资料和收集的案例，总结 OEM 的优点和缺点，并试着谈谈对于一家 OEM 企业来说，其发展要特别注意哪些问题。

财商思考点

- 依附
- 自由与责任
- 独立自主
- OEM 与 ODM
- 成人礼
- 模仿与创新
- 冠礼与笄礼
- 知识产权保护

第5课

企业为“谁”而生？

穷则独善其身，达则兼济天下。

——孟子

身边的财商启示

转眼间，赛德即将进入高中二年级，学习强度越来越大。这不，虽然还没开学，他也启动了学习模式——因为开学一周后，全年级就要组织一次“摸底考试”。上午复习，下午练题，不知不觉已是夕阳西下，看着窗外的天气不错，赛德决定出去走走，顺便买点开学所需的文具。

他像往常一样来到小区附近的文具店“智高文体”，走近了却发现店名不知何时变成了“晨光文具”。赛德在门口瞄了一眼，发现店的老板没变，走进去一看，只见整个店面焕然一新，和之前很不一样，应该是重新装修了。选好所需的各种文具，去柜台结账时，赛德好奇地问：“黄叔叔，我看您把店名改成了‘晨光文具’，是为什么呢？刚刚看店名不对，还以为走错了呢。”

“哈哈，你认得我，肯定不会走错！店铺改名，是因为我最近加盟了晨光文具，成了其代理商，按晨光总部的要求，重新对店面进行布局规划和设计装修。你有没有觉得店面比以前更好看些了呢？”

“确实更大气、更高级、更漂亮了！黄叔叔，您好厉害！”赛德由衷地夸了几句。

“其实，这主要是晨光总部的功劳，设计、装修都是在总部的指导下完成的。我做文具快 20 年了，从农村做到城市，从偏远小街做到繁华地段。本来自我感觉还不错，但加入晨光后才发现自己要学习的还有很多！比如，除店面设计与装修外，总部还会统一组织订货和送货流程，而且还有定期的培训，教我们商品摆放、种类搭配、宣传推广和客户管理等。我现在才发觉，大公司确实专业得多，以前的门店都是小打小闹，不成体系！”

听了黄叔叔的介绍，赛德从他手里接过文具往家里走，一边走，一边思考：同样的店铺、同样的项目，为什么加盟前后的经营却如此不同呢？

财商案例

不赚取利润，就是非法经营？

“老爸，你看车干吗，我们家是要换新车了吗？”看着在客厅用平板仔细浏览家用车信息的宏义，赛德问道，“如果要换新车的话，那现在这辆能不能给我留着，高考结束后我准备学车，正好可以练练手。”

“你小子想得倒挺美！我这是给你舅舅选车呢，他们家准备买辆新车，让我帮着选一选。我看你平时对车也有关注，有没有推荐的品牌和车型？”

“舅舅他们家用车应该是日常出行为主，比如上班、旅游……这样的话，我觉得可以考虑大众、福特还有本田这三个品牌，至于车型的话得看舅舅他们家的预算了。”

“嗯，分析得很到位嘛！我看你最近在研究企业的组织形式，刚好你提到了福特——这家老牌汽车巨头就曾发生过股东因‘分红’问题而闹上法庭的事，通过这个案例，你也许对企业的组织形式会有更深入的了解。”

“股东竟然因为‘分红’闹上法庭，有这么离谱吗？企业赚钱之后，按照公司章程的规定和股份多少分不就行了么，怎么还会闹上法庭呢？”

“所以这是一个值得关注和分析的例子！在大学的课程里，这可是探究‘公司治理结构’的经典案例呢！”

听完爸爸的建议，赛德立马走进书房，打开电脑，开启搜证模式……

亨利·福特（以下简称福特），无人不知的“汽车大王”！在大家的脑海中，福特的名字便一直是和汽车联系在一起的——他发明了拥有简化设计和标准部件的T型车，并创立了美国最大的工业垄断组织和世界最重要的跨国企业之一，福特汽车公司。

福特无疑是一位伟大的发明家！在手工生产时代，平均每装配一辆汽车需要728 小时，而经福特简化设计、部件标准化后的T 型车，直接将这个时间缩短到12.5 小时！之后福特建造的流水生产线更是极大地提高了汽车的生产效率——在福特进入汽车行业的第 12 年，他的流水线的生产速度已达到了每分钟一辆车的水平，五年后又进一步提升到了每十秒钟一辆车的速度！正是因为生产效率的大幅提高，汽车的价格才能迅速下降，这也让更多的家庭能够负担得起原本属于奢侈品的汽车。

福特公司凭借生产效率和低价策略的优势迅速发展，其市场份额从 1908 年的9.4% 上升到 1911 年的 20.3%，1913 年的 39.6%，直到 1914 年达到 48%，月赢利600 万美元，在美国汽车行业占据了绝对优势。然而，就是在这样形势大好的时候，公司内部却出现了严重的分歧：由于福特一门心思只关注技术革新与公司发展，他几乎将全部的利润投入了再生产，不断地用最先进的设备来升级他的流水线，所以公司一直既没有分红，也没有提高员工和管理人员的待遇，这种做法招致了同为创始股东的道奇兄弟[①]的强烈反对。

看到这，赛德也有些纠结——道奇两兄弟作为福特公司的重要股东，要求分红，这是理所应当的。而且如此大规模的生产，员工和管理人员的压力应该也是不小的，希望提高福利待遇，也是应该的。但福特坚持把利润更多地投入再生产，升级流水线，也是为了公司能制造出更好且成本更低的产品，以满足市场需求，这似乎也是能理解的。那么该如何选择呢？毕竟利润是有限的，该如何分配这些有限的利润呢？

---

①霍勒斯·道奇和约翰·道奇两兄弟是福特公司创立之初的重要股东，可以说，没有两兄弟的投资，福特公司就无法建立。

随后，道奇兄弟起诉了福特汽车公司和董事长亨利·福特，指控他们损害了股东的利益。法院开庭时，道奇兄弟的代理律师指控说：

“福特先生已经得到了他所需要的所有的钱。他的野心是雇佣尽可能多的人，以尽可能低的价格出售汽车。而应该对股东尽到的义务，他一点也不考虑。当所有其他的汽车都在提价，福特为什么要降价？就算他是想保住在汽车业的领导地位，难道一定通过要降价吗？他真正的愿望是做大众恩人。他想以股东的损失换取自己的荣誉。我们要求福特先生以利润最大化的原则经营公司。当一个企业只是扩张自己，不去赚取利润，它就是非法经营。”

也就在这个时候，福特最大的竞争对手，由 29 家厂商联合组成的通用汽车公司出现了。不同于福特公司的高效率和低价格策略，通用汽车公司走的是多样化路线。他们用高薪水和高分红从福特这边挖走员工和投资者，并在这些人的帮助下推出了很多不同型号的汽车。而福特由于技术人员和投资者的撤出，无法再研发相应的产品，能对抗这些新产品的唯一方法就是降价，从 1920 到 1924 的短短四年间，福特就降价了 8 次。但长期的降价经营使得福特公司利润率变得很低，几乎已经没有了再降价的余地，靠高效率和低价格发展的道路已经走到头了。就这样，通用汽车不断地蚕食福特的市场份额，等到福特七年之后研发出相应产品来与之对抗时已经太晚了——福特最初不放在眼里的小公司已经成长为一个能和他分庭抗礼的汽车巨头。

看完整个案例，赛德唏嘘不已，一方面是感叹亨利·福特个人对福特公司的影响——福特公司走向鼎盛是因为亨利福特，走向惨淡衰落也是因为亨利福特。怪不得是大学里探讨“公司治理结构”的经典案例呢，“如何成功，如何持续成功”确实是企业发展过程中的永恒命题。

与此同时，道奇兄弟的代理律师对亨利福特一行的指控也久久萦绕在赛德的脑海——“我们要求福特先生以利润最大化的原则经营公司。当一个企业只是扩张自己，不去赚取利润，它就是非法经营。”

企业的社会责任

赛德还没来得及细细感受，高二上学期已经快结束了。在坚持完全市“一模”大考后，他决定好好放松放松。可心情还没完全放松下来，新冠肺炎疫情就席卷了武汉，而且来势汹汹，甚至有蔓延全国的迹象。所以近来，虽然放下了课本，赛德却又将大部分时间和精力投入到对这场疫情的关注之中。

除夕之际，疫情正处于爆发阶段，赛德的心情也跟着低落和沉重，毋庸置疑，这是一个终生难忘的春节了。随后，在中央强有力的管理下，疫情渐渐受到控制，赛德的心情才慢慢好转起来。这天吃完早餐后，赛德照例了解疫情动态，却无意间看到一则“新冠肺炎捐赠企业清单”的信息。看着一行又一行密集排布的捐赠企业及其相应的捐款金额信息，赛德突然想起之前听爸爸说过在年后线上复工之初，他便向董事会提议以公司名义向疫情重灾区捐款，当时的方案受到一部分股东的支持，也有部分股东表示先保留意见，需要开会讨论。

最后到底有没有捐款呢，想到这里，赛德便去问爸爸捐款的最新动态。

宏义告诉赛德，昨天上午董事会便在网上召开了针对是否以公司名义向疫情重灾区捐款的会议。会议期间，之前没有明确赞同捐款、持保留意见的股东认为，去年公司投入了巨大的人力和资金同时启动了3个项目以实现产品结构的升级，目前，这三个项目研发的产品正准备投放市场进行测试。而受疫情影响，近来公司的订单下降明显，在公司收入不断下降的同时研发项目还要继续追加投入，因此公司自身也急需想办法降低成本，才可能渡过难关。

听到这儿，赛德想起最近爸爸虽然居家不外出，但还是在书房从早到晚地忙，有时半夜也需要电话沟通项目上的事情，前几天还听妈妈对爸爸开玩笑说：“你这个假期过得简直比平时还忙！”

看着赛德望向自己略带担心的眼神，宏义笑着摸了摸他的头，继续讲道：后来经董事会反复讨论后决定——作为企业，除了追求自身的利润外，也应当承担相应的社会责任。在这样的一场社会重大灾难之下，即使有困难，也要力所能及地去做一些事情。因此，款是肯定要捐的，至于捐多少，可以在盘点当前公司的财务和经营情况后再最终确定。听完爸爸的分享，此时赛德已经不再在意问题的答案了，而是想起了孟子的一句话：“穷则独善其身，达则兼济天下。”

基础讨论

1. 请在老师的引导下，收集和整理资料，了解“加盟”这一商业模式，并进一步思考黄老板的小店和晨光（晨光文具股份有限公司）之间是什么关系。

2. 都是黄老板自己的门店，也都是文具经营项目，为什么加盟晨光前后的经营却如此不同？

3. 请在老师的引导下，收集和整理资料，了解“企业/公司的使命”，在此基础上，谈谈你对“我们要求福特先生以利润最大化的原则经营公司。当一个企业只是扩张自己，不去赚取利润，它就是非法经营”这句话的理解。如果你是福特这一案的法官，你会支持福特还是道奇兄弟？为什么？

拓展讨论

1. 请在老师的引导下，收集和整理资料，了解常见的企业组织形式有哪些，不同形式之间有怎样的区别。并进一步回答，黄老板的小店属于哪种组织形式。

2. 在阅读完本课的所有案例之后，你觉得企业到底是为“谁”而生的？

3. 你觉得企业在“赚取利润”和“为社会做贡献”之间有矛盾吗？如果有，该如何解决？两者能否同时实现，且如何能同时实现？

4. 在阅读完本课的所有案例之后，请分别站在个人和公司的角度，谈谈你对本课开篇孟子所言“穷则独善其身，达则兼济天下”这句话的理解。

财商实践

【主题】

- XX 公司的社会责任调研分析

【内容】

- 请在老师的引导下，自行选择一家上市公司，了解其治理结构、主营业务和其行业地位。
- 收集和整理资料，了解该公司在“社会责任”这个领域的承担情况——可从其承担的方式、效果等方面进行评估和分析。
- 分析该公司对社会责任的承担是否对自身的发展有正向和反向作用。如果有反向作用，在后期管理中，应做哪些调整？

财商思考点

- 企业的组织形式
- 个人独资企业
- 合伙企业
- 公司制企业
- 加盟商
- 公司治理结构
- 无限责任
- 有限责任
- 社会责任
- 国有企业

第6课

行业自律与政府监管

故善者因之，其次利道之，其次教诲之，其次整齐之，最下者与之争。

——司马迁①

①司马迁，字子长，西汉史学家、散文家。本句出自《史记》中的《货殖列传》。《货殖列传》是专门记叙从事“货殖”活动的杰出人物的类传，也是反映司马迁经济思想和物质观的重要篇章。

身边的财商启示

短短一个月，疫情便迅速蔓延至全国，这场突如其来的灾难一直牵动着赛德的神经。疫情让平时毫不起眼的口罩，成了春节期间最为紧俏的日用品。一则“一罩难求”的新闻让赛德疑惑不已：就算因为疫情影响，口罩供不应求，但之前新闻不是已经报道相关企业在抓紧恢复生产了吗？怎么还不够？我国到底有多少家口罩生产企业，口罩的产能有多大？

赛德立马上网查询——根据工信部数据，截至2020年2月，我国每天口罩的总产能为2 000多万只，占全球产能规模的一半，可以说是全球口罩生产大国，但面对突发的疫情，几天之内要满足全国14亿人口的需求，也是不可能的。疫情前国内具备医用口罩生产许可证的企业约为350家，疫情后涌现出大批新的以及跨界的口罩生产商，已有超过3 000家企业取得了生产资质。

看到这儿，赛德放心了，那看来只是时间的问题，口罩生产应该能很快满足需求。可刚舒了一口气，赛德又被一则新闻抓住了眼球：“我国有口罩机没有熔喷布！”循着标题往下看，才明白原来是跨界生产口罩和消毒液的比亚迪公司，当前已经着手防护物资设备的设计和制造，却在为原材料熔喷无纺布发愁。并且，多家准备跨界生产口罩的企业都面临这个难题。

熔喷无纺布是什么呢？原来，医用口罩的原材料，是从石油中提炼出的聚丙烯[①]颗粒，由聚丙烯颗粒可以生产聚丙烯纤维。生产商主要是中石油、中石化等公司。在产业链中游，需要用聚丙烯纤维生产无纺布，常见的医用一次性口罩，主要由三层无纺布组成，最内层是纺粘无纺布，中间过滤层是熔喷无纺布，最外层是进行了

---

①聚丙烯，是丙烯加聚反应而成的聚合物，是一种白色蜡状材料，外观透明而轻。主要应用于服装、毛毯等纤维制品、医疗器械、化工容器等物料的生产。

防水处理的无纺布。虽然原材料均为聚丙烯，但制作工艺并不相同，具有超细过滤效果的熔喷无纺布被称为医用口罩的“心脏”。到了口罩产业链的下游，口罩生产商通过口罩生产设备生产口罩，生产出的口罩还需经过消毒处理，达到相关标准后，才能流通使用。

通过梳理医用口罩生产的产业链，赛德突然发现，平时看上去似乎并不相关的企业之间原来有着如此紧密的联系，比如中石油和中石化和医药等企业。一个口罩的生产，竟需要好多看上去似乎完全不同的企业分工合作才能完成。

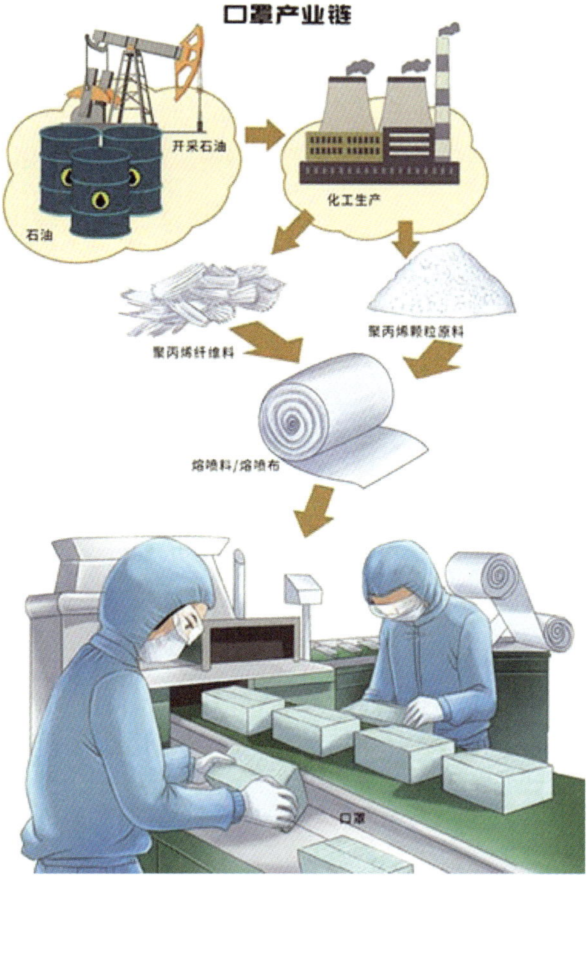

拓展延伸

自律管理与行政管理

饭桌上，崇礼谈起了公司当年那个做假账的小姑娘。时光飞逝，虽然已经过去数年，但赛德依然记得那天——同样是晚饭时间，当时妈妈心情低落，赛德无意间听见爸爸和妈妈的对话，才明白了事情的来龙去脉。“那个小姑娘前几天出狱啦，发消息给以前的同事，说认真反思了自己的错误，以后要重新做人。”崇礼说道。

“不管是对个人还是企业而言，自律都很重要呀！我今天看到一则新闻，某证券公司的首席分析师因为内幕交易被罚了，公司也跟着受了影响。尽管现在监管和惩罚的力度越来越大，但是一些违法行为仍屡禁不止，人性里的唯利是图真如洪水猛兽呀。”宏义接过话。

“老爸, 什么是内幕交易呀？”赛德对这个时常听到却又不太了解的词充满好奇。

“内幕交易主要出现在金融市场上，一些人通过‘内幕信息’买卖证券，帮助自己或他人获利。这种行为严重破坏了证券市场的公开、公平、公正原则。刚刚讲的这个分析师，他的一个朋友是一家上市公司的独立董事，在参与这家上公司重大资产重组的筹划过程中，接触了与该公司相关的内幕信息，于是他们俩联合起来，借用他人账户背地里大量买入这家上市公司的股票，企图在公司公告重大资产重组信息后获利。”宏义耐心解释着。

“那他受到什么惩罚了吗？谁在管这些事情呢？”赛德继续问道。

“他的行为违反了《中华人民共和国证券法》关于内幕信息的相关规定，先是中国证券监督管理委员会介入调查，然后将他的案子移交给司法机关，最后他被判刑三年，还被处以罚款。”

“证监会也是政府部门对吧？是该好好罚罚这些‘老鼠屎’，不然真会糟蹋了整个市场！”

“嗯，除了刑事处罚外，他的 CFA 资格证和交易所的会员资格也被吊销了，你肯定又要问什么是 CFA 对不对？CFA 即‘特许金融分析师’，是由自律组织 CFA 协会进行资格鉴定并授予的职业资格称号，同时 CFA 协会也对其会员进行监督和管理。”

“知子莫若父呀！”正在吃饭的崇礼打趣了一句。

“我也知你呀！”宏义笑着对崇礼说。而一旁的赛德则假装捂住耳朵嚷道：“爸妈，你们又在我面前‘撒狗粮’！”一家人便一起大笑了起来。

由于自律存在缺陷，他律性便成为必要。有效的行业管理，是全行业生产经营高效率和高效益的保障。目前，普遍存在着自律组织管理和政府管理相结合的行业管理模式，以充分利用它们各自的优势。

政府的经济职能

受疫情影响，开学时间暂往后推延了，但“停课不停学”，经过几天的摸索和调整，赛德已经完全适应了线上上课。这周五有赛德最期待的财商选修课——五德财商研究中心的陈老师会定期来到课堂上与同学们进行交流、讨论。他早早把茶泡好，用电脑登录进入课堂后，只见网页界面的 PPT 上写着“最接地气又最大力的‘人’是谁？”，赛德赶紧开麦，迫不及待地加入同学们热烈而精彩的讨论中。

时间一到，讨论半天也没得出满意答案的同学们安静了下来……

陈老师：“在回答这个问题之前，朋友们，我们来假设一个场景——假设你所在的城市要新建一个垃圾处理厂，政府部门向每个人发布通知称“请选择支付捐款 100 元或 1 000 元来赞助垃圾厂的建设”，你们猜猜大家会如何选？”

一阵思考和小声议论后……

小武：“我认为大家都会想着垃圾处理厂是一个公共设施，建成后每个人的获益程度是相当的，那为什么我要花比别人更多的钱来享受这个好处呢？于是大部分人肯定会选择支付 100 元，特别有钱或者觉得钱没地方花的小部分人可能会选 1 000 元吧。”

美智：“会不会有人一分钱都不想付呢？因为就算他一分钱都不出，垃圾处理厂建成后，他也能享受其带来的好处。”

承信：“应该也有人即使不是特别有钱，也会选择支付 1 000 元吧——这是在力所能及地支持城市的发展与建设。当然，我猜这部分人会比较少。陈老师上次课也提到了，经济学科的基本假设便是‘人都是理性而利己’的……”

陈老师：“大家对生活的观察都很细致，对所学内容的掌握也很熟悉！这三位同学所描绘的都是大概率会出现的情况。而在这些情况中，我们发现——大部分人都会寄希望于花更少的钱甚至不花钱来享受‘公用设施’，这就是典型的‘搭便车’

问题。那么如何解决有的人不想花钱却也能获益的问题呢？你们知道公路、电缆、下水道等城市基础设施都是谁在负责建设呢？”

赛德：“据我所知，通常是由政府负责！”

陈老师：“那政府的建设资金又从哪里来呢？是我们刚才假设的场景中让人们自由认捐的吗？”

赛德：“我觉得应该是通过税收这样的形式强制收取的，我就经常听到身边有人在讲税收高了、低了的事。”

陈老师：“没错！在为了集体利益而建设的公共设施领域，如国防等，仅仅靠‘市场’是解决不了问题的，因此通常由政府来完成公共设施建设。市场解决不了问题的情况，就称为‘市场失灵’，而那些公共设施通常被称为‘公共物品’。市场除了会‘失灵’，还可能会‘犯错’。例如，颜料厂商为了追求低成本可能会把有毒化学物质倒入河流，造成河流里的鱼群死亡、饮用水被污染、居民生病等后果，但在纯粹的市场上，这些后果并不是由生产商来承担，也就是说颜料厂商把环境污染的成本外部化转嫁给了其他主体，如居民和社会。因此，对颜料厂商来说，这部分成本被称为‘外部成本’。由于颜料厂商没有承担它本应负责的‘外部成本’，相对那些守法、保护环境的企业而言，这显然是不公平的。如果颜料厂商这种行为得不到及时、有效的制止，就可能出现‘劣币驱逐良币’的情况——不保护环境的企业把守法保护环境的企业挤出市场，这时候该怎么办呢？想一想，我们一开始给出的问题——最接地气又最大力的‘人’是谁？”

美智：“啊！我知道了！这时候就需要请出我们最接地气又最大力的选手——政府出场啦！他可以通过向颜料厂商征收污染税，或者要求颜料厂商的废水必须先净化达标后才能排放，又或者如果企业排污超标就处以重罚等措施，来纠正市场的‘失灵’。”

陈老师：“对啦！我们刚刚交流了关于市场‘失灵’和‘犯错’的问题，说明没有监管的市场，有时候并不能够提供社会所需的结果。而政府在尝试解决和纠正这些问题时，通常会采取以市场为基础的政策来弥补市场所缺之位，校正市场所错之位，例如税收和补贴。这些内容可能听起来会比较抽象，大家要多结合生活进行观察，从生活出发体会政府和社会运行的逻辑。”

时间很快就在“烧脑”中过去了……

基础讨论

1. 请在老师的引导下，收集和查阅相关资料，进一步梳理口罩的产业链结构，看看上游、中游及下游都有哪些类型的企业。据此请进一步回答，如何理解“行业”一词。

2. 以金融行业为例，请查阅相关资料，进一步梳理行业内的自律性组织和政府监管组织都有哪些。

3. 市场有失灵和错位的时候，政府有没有失灵和错位的时候呢？请结合具体案例进行论证和分析。

拓展讨论

1. 在行业秩序的建立与维护的过程中，“自律管理”和“行政管理”各自的特征是什么？关于二者的关系，有人说是“魔高一尺、道高一丈”，有人则说“道高一尺、魔高一丈”，你如何理解这两种“颠倒”的说法？

2.“公共物品”有哪些特征呢？请试着归纳这些特征，并分析这些特征与“公地悲剧”之间的关系。

3. 在阅读完本课的所有案例之后，请谈谈你对“故善者因之，其次利道之，其次教诲之，其次整齐之，最下者与之争”这句话的理解。你能说出这句话所蕴含的政治与经济原理吗？同时，你认同这句话所表达的观点吗？为什么？

财商实践

【主题】

- 行业秩序与管理

【内容】

- 请自行选取一个行业，通过资料查询、调查等多种方式，分析其上下游产业结构。在此基础上进一步测度，产业链不同位置的企业对整个行业的贡献度。
- 通过资料查询、调查等多种方式分析该行业的管理模式，了解行业中的自律组织及政府监管组织。
- 在此基础上，进一步结合相关案例，论证、分析政府的管理职能对这个行业的影响，比如可能存在的不足与改进措施。

财商思考点

- 产业链
- 上游、中游与下游企业
- 公地悲剧
- 自律管理
- 行政管理
- 搭便车
- 内幕交易
- 公共物品
- 市场失灵
- 外部成本
- 劣币驱逐良币

第7课

金融与资源配置

这些绿色的纸张（美元）之所以有价值，是因为每个人都认为这些纸张有价值。——米尔顿·弗里德曼[①]

①米尔顿·弗里德曼于1976年获得诺贝尔经济学奖，是货币学派的代表人物。货币学派，也称货币主义，在理论上和政策主张方面，强调货币供应量的变动，是引起经济活动和物价水平发生变动的根本的和起支配作用的原因。

身边的财商启示

经家庭大会讨论决定，这周六开展家庭大扫除，于是赛德奉母亲大人崇礼之命，负责自己的卧室与客厅两大片区的清洁工作。赛德在整理卧室书柜时，在一个抽屉的角落意外发现了一串贝壳，用毛巾擦拭干净后，拿着贝壳来回看了三遍才想起，那是小时候去海南旅游时带回来的。忽然，他像想起了什么似的，带着贝壳跑去书房找爸爸。

“老爸！我还记得小时候你跟我讲过货币的诞生和演变呢！”赛德一边晃着手里的贝壳手串，一边欣喜地说着。“哈哈，你小子记性倒是不错，当时你还幻想着多带点贝壳穿越回古代做财主，你准备什么时候穿越呀？”宏义回笑道。

“哈哈，还有这事？看来我的想象力打小就很丰富呀！对了，我们之前在政治课上还学了货币的五个职能，分别是：价值尺度、流通手段、支付手段、贮藏手段、世界货币。”

“不错！看来你现在对货币的理解很到位了！那我有个问题要问你了——如果我们玩具公司准备启动网游项目，但没有足够的流动资金，可以怎么办呢？”

“可以找银行贷款呀！”赛德脱口而出。

“那为什么能找‘银行’贷款呢？”

“因为，因为银行负责贷款业务，就像保险公司负责保险业务一样。”

“嗯，确实如此，不同金融机构有不同的金融业务与职能，银行主要负责存款和贷款业务。但对这个问题往深处去探究，则关乎对‘货币与金融’关系的理解了！”

赛德有点迷糊了，货币与金融的关系？好像是有关系，比如银行的业务不都是直接和货币打交道吗，但似乎并不是所有的金融机构都与货币直接打交道呀，比如保险公司，不是和风险打交道吗？证券公司不是和股票打交道吗？那货币与金融具体是什么关系呢？

看着陷入深思的赛德，宏义一边继续擦桌子，一边乐呵呵地对他说：“赶紧回去完成大扫除的任务吧，不然一会你妈妈又该念叨了。”

财商案例

资源配置①

一家人忙前忙后，终于赶在午饭前完成大扫除的工作，整个家里里外外又明净整洁起来。吃完饭，赛德也顾不上休息，马上带着和爸爸未讨论完的问题去书房查阅资料。赛德有种直觉——“货币与金融”可能是一个大而广的议题，会涉及很多内容，所以得抓紧时间。

浏览网上的文献资料，翻看书房里相关的专著和报刊……半天时间很快就过去了，可赛德查来查去，也没梳理明白这“货币与金融”的关系。正在他沮丧之际，看到了来书房的爸爸，赛德吐槽道：“老爸，你这次给的议题范围也太大了吧，‘金融’和‘货币’这两个词涵盖的内容实在太宽泛了，两者之间的关系就更复杂！我梳理了这半天，也没总结出个所以然……我看‘货币与金融’这个议题，在大学里是作为专门的必修课来讨论的，您这也太高估我了吧，是让我直接自学大学里的一门专业课呀？”

看着一向对“收集和整理资料”很自信的儿子却在这一次的主题自学中有种无力感，宏义哈哈笑道：“哈哈哈，你花小半天的时间了解到‘金融’与‘货币’这两个词各自都有丰富的内涵，已经很棒啦！它们之间的关系确实很复杂，不过我们换一个思路和角度，也许理解起来就能更顺畅些。”

看着儿子没好气又很好奇的样子，宏义继续讲解道：“先说我们都熟悉的银行吧，它的主要业务就是存款和贷款——大家把钱存放在银行并收取一定的存款利息，银

①资源配置是指，对相对稀缺的资源在各种不同的用途上加以比较以做出最优选择。

行又把钱贷放出去并收取一定的贷款利息。比如，一家企业要启动一个新项目，去银行申请贷款，银行经过审核把款项贷给企业。企业拿到贷款后用于项目的启动和经营，获得盈利后除了把本金偿还给银行以外，还需要支付贷款利息。在这个例子里，银行直接与钱打交道，我们看到‘金融’是与‘货币资金’直接相关联的。”

“那证券公司呢，证券公司不是处理与股票和债券相关的业务吗？和‘货币资金’有什么关系呢？”赛德循着爸爸的分析逻辑继续追问。

“和银行比起来，证券公司和‘货币资金’的关系看上去确实没那么‘直接’，但股票、债券这些证券的背后是什么呢？还记得你初中的时候，爸爸带你去过张叔叔他们家公司的上市庆功会吧，当时还给你简单解释了什么叫‘上市’，还有印象吗？”

赛德迅速在脑海中检索，一个隆重的庆功会剪影浮现了出来：“好像有点印象，当时张叔叔他们还戴着红围巾一起敲一个很大的钟！老爸，你当时说上市好像是与股票发行有关。”

“对啦！公司上市，简单理解就是公司的股票被允许在证券交易所公开交易。对公司而言，上市的一大好处就是可以通过卖出（发行）股票筹集资金，只要公司的项目好，对投资者有足够的吸引力，就能在股市上筹集到大量的资金投入生产和发展。”

“我想起来啦！当时我们还讨论过没有上市的公司会如何筹集资金的问题，这么说来，我似乎懂了，证券公司表面上是与股票打交道，但股票是上市公司筹集资金的一种工具，透过‘股票’这个载体，证券公司其实也是在协助公司融通‘货币资金’！”

“所以说你之前的信息收集和整理是有成效的嘛，你看，一点就通！除了股票外，另一类证券——债券，如果你仔细了解，也会发现其本质不外乎是以债权债务关系进行‘货币资金’融通的工具。那咱们现在能不能总结一下‘金融’与‘货币’的关系啦？”

“那是不是可以说‘金融’就是‘货币资金’的融通呢？”

“厉害了，小赛德！一些金融学教材正是这样定义‘金融’的！不过别忘了，货币是一般等价物，是一种重要的‘资源通货’。因此更专业的理解是，金融是一种实现资源跨时间、跨空间、跨风险配置的体系或者媒介，比如通过股票将货币资金配置到企业的生产与经营之中。”

“感觉这么理解会更高级和专业哦！讲到这，我突然明白了一件事——有同学曾和我争论说股市没有存在价值，他认为股票‘炒来炒去’，无非是放在谁的口袋里的问题，钱的总量也不会增加，我当时无法反驳他。现在我明白了，股市真正的价值是提高资源配置的效率，股票的流通只是提高资源配置效率的一种方式！不过老爸，我还有一个疑问，那保险是对‘风险’还是对‘货币资金’的一种配置或融通呢？”

“不错，能提出这个问题，说明你基本理解了‘金融’与‘货币’的关系。你已经读高二了，再过一年就要上大学了，那这个问题就留给你自己先去思考吧。爸爸还有一个问题留给你——银行通过把存款人的钱贷放给借款人就能赚利息，那为什么存款人不直接把钱借给借款人，这样往往会赚取更高的利息呢！”

“我想是不是权威性或者信誉度的原因？”

“没错，你说对了！‘信用’是‘金融’的根本。不同资源配置或者资金融通方式在信用处理上存在差异，这也需要你下来慢慢研究、了解。”

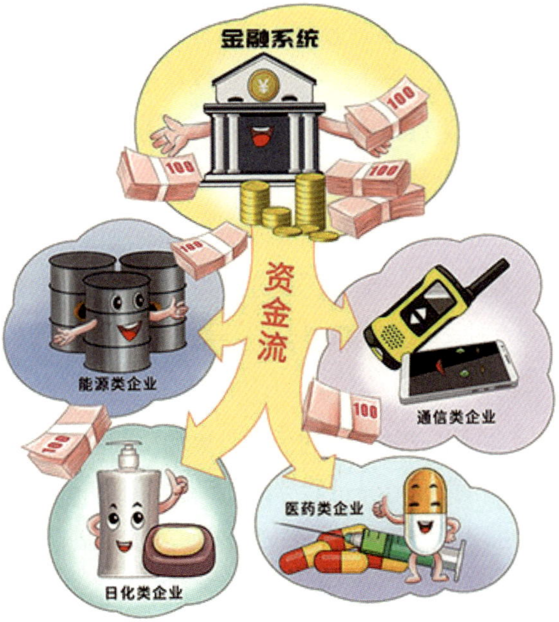

被判全赔？

崇礼路过书房看见父子俩讨论得如火如荼，听了一会儿也兴致勃勃地参与进来："刚聊了那么多，赛德，你能不能和妈妈分享并总结一下，为什么社会的运行需要复杂的金融系统呢？"

"嗯……我认为，社会的运行和发展从根本上而言就需要对资源如何配置进行选择，比如在国家层面，需要选择是重点发展能源行业还是重点发展5G技术，而不同的选择会有不同的资源配置。金融系统则提供了实现资源跨时间、空间和风险配置的可能性，所以社会的运行离不开金融系统。"

"怪不得聊这么热烈，原来讨论的内容已经这么专业了！不过妈妈有个补充问题——那金融系统对社会运行是不是只有百利而无一害呢？"

赛德略做沉思后回答："不能这么绝对，金融系统也是有风险的。比如2007—2009年的全球金融危机，虽然我了解不多，但也知道最初危机只是源自美国的次贷泡沫，最终却牵连、演变为全世界的金融危机，而号称'全球最先进'的金融系统在这个危机中可以说是'功不可没'！"

宏义补充道："所以，金融有意思的地方就是人们在不断想办法规避、控制风险的时候又会衍生出新的风险，所以，可以说金融风险无处不在。包括大家最信任的银行，也未必就是百分之百可信的。前一阵子，某大型商业银行就摊上了这么一个事情——他们一个客户在其网点买了该行代销的基金[①]亏了57万元，后来客户把这事儿闹上法庭，最终该行被判全赔！一时间，这事儿闹得沸沸扬扬，你也可以去搜相关新闻来看看，以便对金融风险有更直观的了解。"

---

①基金代销，是指银行或者券商等金融机构作为基金的代销机构，向投资者提供开户、认购、申购、赎回等基金的投资代理服务，方便投资者间接参与资本市场投资，实现投资收益。

一家三口的讨论结束后，赛德去客厅端了一杯清醇回甘的普洱茶回书房，准备仔细看看这个“银行被判全赔”的案子，因为他很想知道：客户自己买基金亏了 57 万元，为什么银行要全赔呢？

北京海淀区 W 女士自 2011 年以来一直通过某大型商业银行购买其发行的理财产品。由于收入不高，风险承受能力较低，所以 W 女士一直明确要求只购买保本型且为该银行自己发行的理财产品。2015 年该银行理财经理主动向 W 女士推销一款产品，而 W 女士出于对银行的信任，按照指示购买了价值近 97 万元的理财产品。

后来的法院裁判文书显示，W 女士买的是某家基金公司旗下的股票型基金[①]。但在整个操作购买的过程中，银行的工作人员未向 W 女士告知及解释该理财产品属于股票型基金，风险较高，且属于第三方机构发行的产品，并且也未进行相关的风险评估和合同签订等事项。

2016 年年初，W 女士需要用款，要求赎回[②]购买的理财产品，银行告知已亏损 30 余万元，此时 W 女士才知悉其购买的理财产品系第三方发行的高风险产品。

之后，W 女士与银行多次沟通意欲赎回，但银行建议 W 女士继续持有该产品，后期随着股市行情好转，说不定有回本可能。此后 W 女士又多次向银行及其上级单位投诉，始终未予解决。最终，截至 2018 年 3 月 28 日 W 女士赎回该产品，已亏损近 58 万元。

W 女士认为，是银行违反规定，在明知她风险承受能力较低的情况下，欺骗她购买第三方发行的高风险理财产品，并由此导致巨大损失。于是，W 女士向法院提起诉讼，要求银行赔偿亏损。一审法院判决银行赔偿王女士所有损失，银行不服，去到北京高院，最后被驳回再审申请。

---

①股票型基金属于证券投资基金的一种，这类基金筹集的资金主要投资于股票市场。

②赎回，又称买回，投资者以自己的名义直接或通过代理机构向基金管理公司要求部分或全部退出基金的投资行为，基金管理公司须根据投资者的赎回要求将相应款项汇至该投资者的账户内。

了解完整个案件的过程后，赛德不禁倒吸一口凉气，并陷入沉思：

没想到如此受大众信任的银行居然还有这种操作——在向自己的客户销售理财产品时竟不告知产品的基本信息，比如风险、发行机构等。法院判决是公道的！爸爸说得对，金融风险真是无处不在呢！可W女士也有一定的责任，买一款理财产品前不仔细了解产品的风险、收益，竟完全基于对银行的信任就买了，这也太盲目了吧！上次财商课，陈老师讲到“投资者教育”①，看来投资者真是需要接受专业的教育，不断学习成长，否则，可是要付出真金白银的代价呀！

①投资者教育，是指针对个人投资者所进行的有目的、有计划、有组织地传播有关投资知识，传授有关投资经验，培养有关投资技能，倡导理性的投资观念，提示相关的投资风险，告知投资者的权利和保护途径，提高投资者素质的一项系统的社会活动。

基础讨论

1. 结合本课第一个案例的内容，请谈谈你对“金融”与“货币”之间关系的理解。

2. 请在老师的引导下，自行收集和整理资料，了解“债券”的基本含义及其原理，进一步理解债券的金融功能——债券是如何实现资源跨时空配置的。

3. 请在老师的引导下，自行收集和整理资料，了解2007—2009年全球金融危机是如何产生和演变的。据此，请进一步谈谈你对“金融风险”的了解。

4. 请在老师的引导下，收集“银行全赔”案例更多的资料，了解法院为什么判决银行全赔。

拓展讨论

1. 请在老师的引导下，自行收集和整理资料，了解“保险”的基本含义及其原理，并总结说明保险的金融功能，如保险是如何实现资源跨时空配置的。

2. 在阅读完本课所有案例后，你觉得“信用”在股票和债券融资中是如何体现的？

3. 本课引入名言为货币学派代表人物米尔顿·弗里德曼的一句话——“这些绿色的纸张（美元）之所以有价值，是因为每个人都认为这些纸张有价值”，根据你对这句话的理解，分析每个人都认为有价值的东西是否就一定有价值。你觉得人们认为一个东西有没有价值背后的原因是什么呢？

财商实践

【主题】

- 投资者教育与保护

【内容】

- 《中华人民共和国证券法》（ 简称《证券法》）于 2019 年 12 月 28 日修订通过，自 2020 年 3 月 1 日起施行。作为资本市场的根本大法，修订后的《证券法》突出强调了对投资者权益的保护，特别是对中小投资者权益的保护这一主线，并在第六章新设“投资者保护”专章。请认真阅读并回答，作为投资者，都有哪些权益应得到保护；如果这些权益受到侵犯时，应如何维护自己的合法权益。
- 收集和整理资料，了解目前我国“投资者教育”工作是如何开展的，开展的效果怎么样，面临哪些挑战和难题。
- 访谈身边的投资者，了解他们的投资经验、知识和技能都是如何获得的，可靠性如何，是否专业；他们的权益是否受到过侵犯；他们又是怎么维护自己的权益的。
- 投资者可以按不同的标准进行分类，比如：年龄、学识、专业背景、投资经历、收入多少、风险承受能力等，试分析对不同类型的投资者进行教育时，会产生怎样的不同之处。

财商思考点

- 资源配置
- 货币与金融
- 金融系统
- 金融市场
- 金融机构
- 金融工具
- 金融风险
- 全球金融危机
- 投资者教育与保护
- 《中华人民共和国证券法》

第8课

中介与“守中”

侩者，合会二家交易者也；驵（zǎng）者，其首率也。

——颜师古①

①颜师古，隋唐时期经学家、训诂学家、历史学家，名儒颜之推之孙、颜思鲁之子。少传家业，遵循祖训，博览群书，是研究《汉书》的专家，对两汉至隋唐时期的经学史十分熟悉。

身边的财商启示

近来，赛德发现“安家”一词频频登上热搜，好奇心驱使他一探究竟。原来，《安家》是近期热播的一部都市职场剧，故事是围绕房产中介“安家天下”公司发生的。由于剧中的案例多来源于生活，并反映了真实生活，因而引起了关注和热议。今天，《安家》再次登上热搜——因为剧中讲述了一位精于算计的“饲料大王”林先生，在购房时绕过房屋中介，直接与房主签约，却因为房屋产权有争议而陷入官司纠纷。

中介机构无处不在，比如房产中介，大街小巷随处可见，赛德对他们的印象停留在“职业正装、职业微笑”，并没有深入的了解，不曾想还能发生买家撇下房产中介直接买房却因为房屋产权有争议而陷入官司的这类事，现实中有这样的情况么？应该是有的，如果没有的话，就不会引发网上巨大的关注和热议，那么房产中介在房屋交易这个市场就很重要咯，那它们有什么重要的作用呢？

一如往常，赛德马上开始搜寻爸爸宏义的踪影，发现目标正在烧水泡茶，便一溜烟凑了上去：“父亲大人，儿有一事相扰。”与儿子默契满满的宏义笑着泡茶的同时顺着赛德的话往下接：“吾儿何事？不妨来杯茶，我们且饮且谈。”

赛德笑嘻嘻地接过茶杯，小抿一口后便切入正题：“中介到底是什么类型的机构呢？为什么卖房子的是中介，商业银行也是中介？这两类机构明明差异这么大！”“那你先说说，你觉得房产中介是做什么的？”宏义反问道。

“房产中介不就是每天问‘哥，你买房吗？’，又或者‘姐，你卖房吗？’？”

宏义笑了笑：“你说的没错，这的确就是我们平时看到的房产中介的样子。可你思考过没有，为什么他们要那么持续而卖力地去问别人这两个问题？”

“嗯……，我还真没深入想过这个问题，是为了赚钱吧？可为什么买房子和卖房子都要问呢？”这个问题还真问倒了赛德。

“其实房产中介提供的就是把买方和卖方对接起来的工作，即所谓的中介服务。如果没有房产中介就会存在市场上有人要买却不知谁要卖、有人要卖却不知谁要买；又或者知道要买什么样的房却不知别人卖的房是什么样等情况。中介，就是做这个信息互通工作的。”

“但是应该没有那么简单，对吧？不然买卖双方何不直接交易呢，还能省一笔中介费！”

“这个问题问到点子上了。中介在对接买卖双方的交易之外，还需要提供一些专业服务，比如产权尽调、税收筹划、政策咨询等买卖双方自己都不太了解又与交易密切相关的事儿。其实中介这一行当起源很早，我国古代就有很多典籍对这一行当有所描述呢！”

财商案例

史说“中介”

受爸爸启发，赛德加快了近来阅读《史记·货殖列传》的速度，果然看到了有关“中介”的内容，并且从《史记·货殖列传》顺藤摸瓜，一并查阅了《吕氏春秋》①《齐民要术》②《汉书》③《史记索隐》④《大明律》⑤等书，赛德发现“中介”这一行业在中国可谓源远流长……

中国古代对“中介”这一角色的最早称谓，应该是源自战国时期《吕氏春秋》的“驵”。《吕氏春秋》中为论证“得之于学”的益处，列举了六个或出身微贱、或曾作奸为盗的“刑戮死辱之人”，说他们后来分别师从孔子、墨子及其高足，“由此为天下名士显人”，其中一位便是“段干木，晋国之大驵也”。所谓“驵”，便是一种在商业中与中介有关的职业。而司马迁在《史记·货殖列传》中列举一年可获利巨大的若干行业中便有“节驵会”这一行当，《汉书·货殖传》则写为“节驵侩”。

---

①《吕氏春秋》，又称《吕览》，此书以儒家学说为主干，以道家理论为基础，以名家、法家、墨家、农家、兵家、阴阳家思想学说为素材，熔诸子百家学说于一炉，是战国末期杂家的代表作。

②《齐民要术》成书于北魏末年，是中国杰出的农学家贾思勰所著的一部综合性农学著作，也是世界农学史上最早的专著之一，全书系统地总结了六世纪以前黄河中下游地区劳动人民农牧业生产经验、食品的加工与贮藏、野生植物的利用等内容，被誉为“中国古代农业百科全书”。

③《汉书》，又称《前汉书》，是中国第一部纪传体断代史，“二十四史”之一。该书由东汉史学家班固编撰，前后历时二十余年，于汉章帝建初时期基本修成，后唐朝颜师古为之释注。

④《史记索隐》是由唐代司马贞撰写，共三十卷。该书运用大量的文献作为校勘材料，保存了丰富的历史文献，使一些书目得以流传下来，便于后人辑佚，有功于目录学。

⑤《大明律》是明朝的主要法令条例，是由明太祖朱元璋总结历代法律施行的经验和教训而详细制定而成。《大明律》适应了当时形势的发展，变通了体例，尤其注重经济立法。

据东汉许慎的《说文解字》，“驵”的本意是“牡马”，“侩”为“合市也”。那么，“节驵侩”究竟是什么样的一种经济活动呢？唐代司马贞的《史记索隐》解释说：“驵者，度牛马市；云驵侩者，合市也。”唐代颜师古为《汉书》作注再进一步说：“侩者，合会二家交易者也。驵者，其首率也。”

根据对历史资料的梳理，赛德归纳和总结出这样的结论——早在春秋战国时期，“中介”这一行当便存在了，且主要是在牛马交易这一个领域。随着对更多历史资料的整理，赛德发现这一现象并不是偶然。因为，春秋战国时期的马、牛无论是在农业生产中，还是在攻防战争中，或是在交通运输中，都是极其重要的工具，一次交易的价值相当高，属于“大宗买卖”，是其他诸如“抱布贸丝”或是沽酒称盐的零散交易不能比拟的。而且从专业角度看，如何从“筋骨外形”去评判马、牛的良劣，更是一种常人不易掌握的专门知识，而买卖双方自己又难以达成共识。而当时为适应马、牛交易活动的需求，社会上已经产生了《相马经》[①]之类的学问。因此也不难想见，在民间必定也活跃着不少从生活实践和商业活动中积累了丰富经验的谙熟相马经、相牛经者，他们在当地市场上具有撮合与仲裁马、牛买卖的权威性。所以赛德从史料推测，在先秦时期的市场上，马、牛交易中首先出现了专职的买卖中介人，这是源于客观的经济原因，具有一定的必然性。联想到现在，在大家公认的比较复杂、值钱的房地产交易中，或其他更复杂、更值钱的交易，比如艺术品交易中，中介更为盛行，应该也是同样的道理。

还有一个比较有意思的地

①《相马经》，是中国最早的相马术著作，由春秋战国时期的孙阳(伯乐)撰。

方——在史料中，“驵”作为牲畜交易中介人里的“大腕”，一开始并不是受人尊敬的角色。《吕氏春秋》就曾写道：

子张，鲁之鄙家也；颜涿聚，梁父之大盗也；学于孔子。段干木，晋国之大驵也，学于子夏。高何、县子石，齐国之暴者也，指于乡曲，学于子墨子。索卢参，东方之巨狡也，学于禽滑黎。此六人者，刑戮死辱之人也，今非徒免于刑戮死辱也，由此为天下名士显人，以终其寿，王公大人从而礼之，此得之于学也。

文中便将“大驵”段干木与其他被贬称为“鄙家”“大盗”“暴者”“巨狡”的五人相提并论，通通定性为“刑戮死辱之人”，无疑是贬义。赛德根据历史资料推测其原因，认为一方面可能与先秦以来逐渐形成的“重农抑商”乃至“贱（作动词）商”的官方政策有关。另一方面应该是与“驵”“侩”的特定行业行为相关——即驵、侩无须本钱，只凭在市场上撮合成买卖即可获利，甚至因此致富，在辛勤劳作犹难以果腹的农业经济时代，这类型业务自然会给人以游手好闲、不劳而获的“不良印象”。

“五大”变“四大”①

通过对历史资料的详细梳理，赛德了解了“中介”这个行业的历史发展，尤其明白了在交易中“中介”的专业性与重要性。晚饭期间，他便把自己的发现和思考与爸爸、妈妈做了讨论。疫情期间，虽然受困在家，但一家人在一起的时间明显多了起来，赛德有时候想这也挺好！

听完赛德的分享，崇礼笑着说道：“我们儿子的思考是越来越有深度了，不仅了解了‘是什么’，还进一步探究了‘为什么’，不错、不错！”这时，宏义接过话：

① “五大”是指2002年以前国际上的五大会计师事务所——德勤、普华永道、安永、毕马威和安达信。2001年，安然事件发生后，安达信于2002年倒闭，从此，“五大”变“四大”。

“其实，不只我们个人需要中介，企业也需要中介。”

赛德听完，想了想：“应该是需要的，企业肯定会参与各类复杂的大宗交易。”

“嗯，直觉很准！看来你确实对‘中介’是有所了解了！企业面临的商业场景比个人面临的更繁多和复杂，因而不同场景下需要的中介机构类型也不一样。常见的为企业服务的中介机构有：律师事务所、会计师事务所、资产评估机构以及证券公司等。如果你想进一步了解中介机构为企业提供的服务及其重要性，老爸建议你去了解‘安然与安达信’的案例，大概在20年前这可是轰动全球的大事件！”

听完爸爸的推荐，晚饭后赛德先帮妈妈收拾碗筷，然后趁着晚自习之前的消食时间，又启动搜证模式……

在2002年以前，国际上本有五家规模最大的会计师事务所——德勤、普华永道、安永、毕马威和安达信，他们曾一同在江湖上呼风唤雨，但现在只剩下四个兄弟在继续书写着他们的传说。安达信为什么消失了呢？

故事要从一家叫“安然”的公司说起。安然公司曾是世界上最大的能源、商品和服务公司之一，辉煌时《财富》杂志将其评为“美国500强企业”第七名，连续六年被《财富》杂志评选为“美国最具创新精神公司”。然而，2001年12月2日，安然公司突然向纽约破产法院申请破产保护，该案成为美国历史上第二大企业破产案，该案发生后，其给社会带来的震撼程度，后有人评价，不亚于同年的“9·11”事件。

经一系列调查后，人们发现安然事件的核心是企业做了假账，它从1997—2001年虚构利润高达5.86亿美元，并隐藏了数亿美元的债务。而当时位列世界第一的会计师事务所安达信，也就是那个消失的“伙计”，它自1985年就开始为安然公司做财务审计[①]，到其破产时已经做了整整16年。除了单纯的外部审计外，安达信还为安然提供咨询服务。2001年，安然公司付给它的5 200万美元的报酬中有一半以上

---

①企业财务审计，是指审计机构按照法律规定的程序和方法对企业资产、负债、损益的真实性、合法性、效益情况进行审计监督，对被审计企业会计报表反映的会计信息依法做出客观、公正的评价，形成审计报告，出具审计意见和决定，其目的是揭露和反映企业资产、负债和盈亏的真实情况，查处企业财务收支中的各种违法违规问题。

的收入（2 700 万美元）是用来支付咨询服务的。2001 年 10 月，安然财务丑闻爆发，美国证券交易委员会（SEC）调查发现，安然公司的雇员中居然有 100 多位来自安达信，包括首席会计师和财务总监等高级职员，而在董事会中，有一半的董事与安达信有着直接或间接的联系。

更为离谱的是，安达信在 10 月 17 日得知 SEC 在对安然公司的财务状况进行调查后，安达信的休斯敦事务所从 10 月 23 日开始的两个星期中销毁了数千页安然公司的文件，直到 11 月 8 日收到证券交易委员会的传票后才停止销毁文件。2001 年 12 月，安然宣布破产。2002 年 1 月安达信承认销毁文件。在初步调查的基础上，司法部于次年 3 月 14 日以妨碍司法公正的罪名对安达信提起刑事诉讼，开创了美国历史上第一起大型会计师事务所受到刑事调查的先例。

安达信引火烧身后，为逃避株连，其海外公司纷纷自寻出路，脱离安达信的全球网络。2002 年 3 月 21 日，安达信（香港）和安达信（中国）宣布加盟普华永道，安达信被拆掉第一块砖，随后其海外分支机构相继被撤销和收购。可谓树倒猢狲散、墙倒众人推。最后，在 2002 年 6 月 15 日，安达信被法院认定犯有阻碍政府调查安然破产案的罪行。2002 年 8 月 31 日，安达信正式退出其从事了 89 年的审计行业。2005 年 5 月 31 日，美国最高法院推翻了安达信公司妨碍司法的判决，认定先前判决缺乏充分证据。虽然约 3 年后安达信等到了最高法院为其翻案，但已经改变不了其灰飞烟灭的命运。

了解完整个案例，赛德感慨不已：前后不过 4 个月的时间，安达信从呼风唤雨的业界“巨无霸”变成众叛亲离自身难保的“泥菩萨”。作为一家第三方审计机构，其职能是评估企业实际的财务状况，给予

真实、客观和有效的审计意见，为社会提供中正的信息。因而，它的信誉度是建立在专业性、中立性、客观性之上的，一旦不能守住自己“居中”“不偏不倚”的立场时，中介这个大厦就会瞬间崩塌。

回想起《吕氏春秋》中对中介这一行当偏负面的形容，赛德想着，说不定在古代中介行业也有类似不能“守中”的事情，所以人们才对“中介”抱有某种“成见”吧。

基础讨论

1. 结合你对商业银行的理解，请举例说明，为什么商业银行也属于中介机构，其中介职能是如何通过整合“买方”和“卖方”的资源来体现的？

2. 你知道“伯乐与千里马”的典故么？请在老师的引导下，收集和整理《相马经》相关的资料，了解古时人们都是通过哪些信息来去评判马匹优劣的。

3. 请结合更多的资料分析，并重点从“守中”的角度谈谈，为什么21世纪初，业界龙头之一的安达信会计师事务所会瞬间倒闭。

拓展讨论

1. 请在老师的引导下，收集和整理资料，了解房产交易的法定流程，在此基础上进一步了解房产中介在房产交易中需要完成的工作有哪些，其专业性、中立性和重要性又是如何体现的。如果你们家要买房子，会使用中介吗？如果要使用中介，该如何选择才合适呢？

2. 在阅读完本课所有案例之后，你觉得中介机构最本质的特征和最重要的职能是什么？如果“中间媒介”偏离“中间”位置时，应该采取哪些手段来监督和规范呢？

3. 在阅读完本课所有案例之后，你觉得，在哪些交易类型中容易出现“中介”？请结合具体案例进行论证。

财商实践

【主题】

- 中介机构之于企业

【内容】

1. 在老师的引导下，收集和整理资料，了解常见的为企业提供中介服务的机构都有哪些，分别提供什么样的中介服务。

2. 选择一类特定的中介机构，收集和整理更详细的资料，了解其为企业提供的中介服务内容，据此分析这类中介服务存在的必要性和业务特点。

3. 根据调查和分析，你觉得在服务企业时，中介机构偏离“中正、客观”的情况容易发生吗？为什么？该如何防止这类情况的发生呢？

财商思考点

- 中介机构
- 大宗买卖
- 房产中介
- 信息不对称
- 金融中介
- 律师事务所
- 资源整合
- 会计师事务所
- 产权
- 资产评估机构

第9课

恒产与恒心

有恒产者有恒心，无恒产者无恒心。

——孟子

身边的财商启示

国内疫情进入稳定阶段后，宏义便又投入到玩具厂的忙碌工作中。这不，宏义今天刚从日本出差回来，将出差伴手礼分发完毕后，趁着喝茶歇息之际，宏义和赛德聊起了在成田机场看到的最牛“钉子户”：有几户被叫作“团结小屋”的房子，50 多年来一直牢牢地“钉”在机场原规划的 3 号跑道上，使这个日本第二大的机场一直没能完工！

赛德一听，觉得不可思议，就上网查了相关的资料，发现整个事件大概是这样的：1966 年，正是日本经济高速腾飞之时，迫切需要新修建一个大机场。离东京不远的成田市，因其地势平坦而开阔，成了机场的不二选址。但由于事前没有充分沟通，征地范围内外的居民以价格和噪声等原因，坚决拒绝出售土地。

机场原计划有 3 条跑道：1 号、2 号和 3 号跑道长度分别为 4 000、2 500 和 3 200 米，但仅第 1 条跑道的修建就用了 12 年，修建第 2 条跑道则用了 44 年，第 3 条跑道因为“钉子户”拒绝搬迁至今无法建成。不仅如此，为了不影响“钉子户”休息，这个日本第二繁忙的机场，从晚上 11 点（2019 年后，延迟到了 12 点）到次日 6 点间，还不能起降飞机！另外，成田机场的超市，也因为当年土地拆迁留下了一个规矩，允许农民在机场的超市里卖菜和其他农产品，这也是世界上极少能在机场超市买到农产品的机场之一！

这些“钉子户”为什么不愿意搬迁呢？是补偿费用问题，还是别的问题？赛德百思不得其解。按已经年近七十的“钉子户”市东孝雄的说法，他这辈子最大的愿望，就是继续在这片土地上劳作、种有机蔬菜；另一位机场的“钉子户”北原鉱治，则是认为政府没“顾及他们内心的感受”。

看到这里，赛德为这些“理由”和造成的近乎“滑稽”而又十分引人深思的现象惊叹，想进一步搞明白这背后是怎么回事。

财商案例

成田机场的“反拆迁”运动

随着了解的深入，赛德发现不仅农民们结成了抗拆联盟，日本全国各地还来了许多学生支援。东京土生土长的城市女孩石井纪子考上大学后便投身于这一运动，并与当地“拆迁户”之一的长子、当时反对运动核心人员石井恒司相恋结婚，成了“永久的钉子户”。除了街头运动，农民们还将官司一直打到日本最高法院，即使在中央政府一度表现出有可能“用强”的态度下，当地农民和居民也没有退缩和放弃，相反，倒是促成了成田市议会通过了反对征地的法案，以维护日本宪法第29条中的“私有财产权神圣不可侵犯”。

因强拆而起的冲突和流血事件发生近30年后，时任首相村山富市在1995年向民众“谢罪”，才使政府和抗拆户之间的对峙局面有所软化，部分农民才转变态度同意卖地搬迁。即使像2002年世界杯足球赛要在日韩举行，而没有第2条跑道就无法保证世界杯的正常举行这样“充足的理由”，也无法让这些“钉子户”搬家让道，谈判僵持了3年仍然没能达成协议，最后日本政府只有把跑道北移800米，才避开了7家“钉子户”，勉强建成一条2 018米长的临时跑道，满足了举行世界杯的要求，但跑道仍然没达到需要的2 500米长度——远程大型客机在这条跑道上起降的要求。

在农民与政府长达几十年的拉锯抗争中，还爆发过其他激烈的冲突，甚至多次出现流血和伤亡事件。当时机场方面负责与这17户人家进行交涉的员工前田伸夫，专门就这段“血泪史”写成一本书——《特命交涉》。书中讲到，自己的家曾被反对派激进分子炸毁放火；而为了获得农民信任，他甚至采用过“和亲”策略，“有时候他们让我进门，我以为有戏了，结果却是一杯热茶当面就泼过来”。

赛德了解完整个事件后，觉得心情很沉重——整个事件中，不管是政府还是当地居民，似乎都有错，也似乎都没错，他内心一直在想：“为什么会这样？”

苹果与三星的“世纪诉讼”，究竟在争什么？

一天，当赛德随手拿起 iPad 准备和小伙伴一起联机打游戏，却发现拿错了——拿成妈妈用的三星平板了。宏义看到后对他讲，这个“错误”不奇怪，在苹果公司（简称苹果）与三星集团（简称三星）的“世纪诉讼”中，三星的律师在法庭上也曾经分不清两家公司的产品。

2011 年，三星和苹果相继在美国、欧洲多国等发起诉讼，就对双方均有重大利益相关的知识产权问题展开了一场“世纪诉讼”。

因为三星第一代 Galaxy 手机与 iPhone 的相似程度极大，且在苹果向三星发出专利授权要约遭到拒绝后，苹果以三星对其产品外观等专利侵权为由，将其告上法庭。2012 年 8 月，美国加州地方法院做出一审判决，称三星侵犯了苹果若干专利，须向对方赔偿 10.5 亿美元。对此三星表示不服，并提起上诉。

2012 年 12 月 7 日，苹果与三星在加州圣何塞联邦法庭再次开庭，以重新审理这场对双方均有较高风险的法律诉讼。2014 年 2 月，双方未达成和解方案，致使双方的专利侵权案于 3 月启动新的庭审。

2018 年 5 月，美国陪审团重新审理此案，并达成一致裁决，将赔付金额改为 5.386 亿美元，其中约 5.33 亿美元是因为侵犯苹果的三项设计专利，另外的约 530 万美元是因为侵犯了苹果的两项实用专利。

2018 年 6 月 26 日，美国加州北部地区法庭公布的法律文书显示，两家手机制造商已就专利诉讼达成和解。

双方回应

对于 10.5 亿巨额赔款的判决，三星对此表示不满并在宣判结果发布后一小时内发出了如下的官方声明：“今天的裁决不应该被视为苹果公司的胜利，而是美国消费者的损失。这将导致更少的创新、更少的选择以及潜在的更高的价格。不幸的是，专利法的缺失已经让‘带圆角的矩形’这样的外观设计都可以被一个公司所控制。而这一切都是三星和其他技术公司正在努力改善中的技术。消费者在购买产品时应该有选择权，我们看到，在世界各地的法院和法庭，其中有一些已经否定了苹果的做法，这也并不是他们最后的胜利。三星将不断创新，为消费者提供更多选择。”

而苹果官方声明则是：“我们感谢陪审团付出大量的时间来听我们的故事，我们也对完成这一过程而感到非常兴奋。需要注意的是，三星的复制行为比我们知道的要来得有过之而无不及。苹果和三星之间的诉讼并非为了专利或是金钱，而是价值观的最终对抗。苹果公司注重产品的原创性和创新，这才能为人们带来地球上最好的产品。我们制造这些产品是用来满足我们的客户，而不是满足竞争对手明目张胆的复制。总而言之，法院的判决为三星的行为发送了一个响亮而明确的信息：偷窃就是不对的。”

案中趣闻

在苹果与三星的“世纪诉讼”中，也发生了一些趣闻。

其一是在法庭上区分三星 Galaxy Tab 平板和苹果的 iPad 时，三星的律师一开始竟然无法分辨出来。

其二则是关于两家公司究竟谁靠谁发展的问题，三星高管指责苹果“苹果第一代 iPhone 在三星公司开始研发移动电话技术的 20 年后才走向市场。如果不是利用了三星的专利技术，苹果不可能卖出哪怕一台 iPhone”。

其三是关于苹果的损失计算，三星的证人 Michael Wagner 认为苹果在计算利润流失的时候犯了很严重的错误，三星涉嫌抄袭 iPhone 和 iPad 的设计或侵犯苹果其他专利的产品方面所得的利润实际上仅有 5.2 亿美元，远低于苹果计算的 20 多亿美元，虽然金额上小很多，但毕竟是对“侵权”性质的承认，有点“未判先输”的味道。

其四是苹果的追加索赔。已经在世纪专利大战中胜出并可获得赔偿的苹果显然仍不满意。后来又要求追加的赔偿，理由是苹果公司认为侵权行为是三星的主观故意。

基础讨论

1. 你如何评价成田机场、日本法院、日本政府、农民与居民和学生在这次运动中的行为和表现？你觉得有什么更好的解决办法吗？

2. 你明白孟子所说“恒产”与“恒心”的含义吗？结合成田机场案例，分析恒产与恒心之间的关系。

3. 有人认为日本的法院和政府效率太低，你赞同这种观点吗？为什么？

4. 你如何评价苹果和三星在结案后的声明，能否从中看出苹果所谓价值观的差异？你如何看待“带圆角的矩形”这种专利？

拓展讨论

1. 请根据《中华人民共和国物权法》[①]，结合“钉子户”这一现象分析和讨论“私产不得公有、公权不得私用”这一说法。

2. 请按自己的想法对私有财产权进行定义，查询和了解科斯第一定理和第二定理，就产权明晰对经济的重要性进行讨论。

3. 请结合具体案例，根据《中华人民共和国专利法》分析专利保护的“度”的问题，说明怎样才算“适度”。

4. 除了“相互授权”外，还有哪些办法处理知识产权之争？股市上交易的股票与产权之间有怎样的关系？

---

①《民法典》颁布后，《中华人民共和国物权法》将废止。

财商实践

【主题】

- 身边的产权关系：公司究竟是谁的？

【内容】

- 选一家自己或家人熟悉的公司，通过资料查询、调查、访谈等多种方式，弄清楚公司真正的所有者是谁。
- 公司经营的结果既可能是赚钱、也可能是赔钱，你知道该由谁来承担结果吗？为什么？
- 知道“老板”或企业的所有者需要承担的责任后，你更愿意做老板还是打工者？说说你的理由。

财商思考点

- 恒产与恒心
- 宪法
- 产权
- 产权交易
- 私有制
- 物权法
- 科斯定理
- 知识产权
- 适度保护

第10课

人与制度

天地节而四时成。节以制度，不伤财，不害民。

——《周易》①

①《周易》即《易经》，《三易》之一（也有观点认为《易经》即《三易》，而非《周易》），中国传统思想文化中自然哲学与人文实践的理论根源，被誉为“大道之源”。该书内容极其丰富，对中国几千年来的政治、经济、文化等各个领域都产生了极其深刻的影响。

身边的财商启示

疫情慢慢平稳后，“开学”如期而至！继高三后，高二等其他年级也慢慢恢复了线下教学。虽然还需要戴着口罩、食堂就餐还需要像考试一样分开独坐，但能回到熟悉的教室和同学一起上课学习，赛德还是很开心！

为了缓解之前线上学习的疲乏，让大家劳逸结合，以调整好学习状态，班主任老师宣布，下周三晚自习课将举办一场班级辩论赛，主题是“道德和法律哪个更重要”。同学们可以自主报名，自选持方，先到先得。难得有这样不做作业的“福利”，赛德有点跃跃欲试，但持方的选择让他有些纠结，想着等周末回家后，先听听爸爸的意见。

“老爸，我想参加下周的班级辩论赛，题目是‘道德和法律哪个更重要’。但我有点纠结是选正方还是反方。如果是你，会选哪一方呢？”宏义想了想说道：“我个人会选法律，因为在我看来，法律是基础和底线，是以‘人性本恶’为基础来构建的，而道德则更多是以‘人性本善’为基础的。如果法律这个底线出问题了，道德也就只剩下虚伪的空壳。当然，这只是我个人的看法！”

赛德挠挠头：“从小读的《三字经》不是讲‘人之初，性本善’吗？那到底是性本‘恶’还是‘善’呢？我也赞同法律是底

线，但如果从‘重要性’来考虑，‘底线之上’岂不更重要？没有任何人去触碰底线，不就很‘完美’？如果人人都是道德君子，那社会多和谐呀！所以，我要选道德试试，到时回来也和你辩论一番！”

宏义边喝茶边看着慷慨激昂的赛德说：“好呀，老爸接受你的挑战！不过人与制度的关系，本就微妙而复杂！古人云，‘天地节而四时成，节以制度，不伤财，不害民’，也讲‘徒善不足以为政，徒法不能以自行。’[①]，‘人’受到‘制度’的约束，但同时‘制度’又需要靠‘人’来设计和执行。懂得这些道理，相信你无论选哪一方，都会有优异的表现！”

---

① 出自《孟子·离娄上》。

财商案例

和爸爸初步讨论完辩题，赛德便开始了辩论赛的准备工作，所谓“知己知彼，百战不殆”，他准备先收集案例资料，了解法律在社会治理过程中的作用和意义。

自由之争

19世纪中期，美国南方黑奴德雷德·斯科特为了争取自由，上诉至联邦最高法院，而最高法院却做出了被普遍认为是美国历史上最不光彩的一份判决：斯科特是黑人奴隶。这个案件后来还成了美国南北战争的导火索之一。

德雷德·斯科特是一名在密苏里州生活的黑人奴隶，1834年，他随主人——美国随军医生埃默森迁到伊利诺伊州居住了两年，随后又迁到威斯康星州居住了两年。根据1787年的《西北土地法令》①和1820年的《密苏里妥协案》②，伊利诺伊州和威斯康星州都是已禁止奴隶制的自由州，而按照当时的法律案例，一个奴隶一旦到过自由州，就自动获得并一直拥有自由人的身份，但埃默森一直拒绝承认他的自由身份。

1838年，埃默森带着斯科特回到密苏里州，并在此定居。1843年，埃默森去世，他的遗孀继承了财产，包括作为奴隶的斯科特一家，随后将斯科特一家作为劳

---

①《西北土地法令》是美国邦联时期处理西部土地的一项重要法令，其中有两项重要内容，其一即是在西北地区废除奴隶制度，保障居民享有财产权以及信仰和人身自由。

②《密苏里妥协案》是指1820年美国南部奴隶主同北部资产阶级在国会上就密苏里地域成立新州是否采取奴隶制问题通过的妥协议案。

动力出租。1846 年 2 月，斯科特试图向埃默森遗孀购买自由，但被她拒绝了。于是 1846 年 4 月，斯科特为了自己和家人的自由，在白人废奴团体的帮助下，向密苏里州地方法院提起诉讼——斯科特认为自己随埃默森医生到过自由州伊利诺伊州和《密苏里妥协案》规定的禁止奴隶制的准州地区[①]，这样的过程已经使他成为自由人，而他的妻子和孩子也应当是自由人。

斯科特的律师声称，斯科特曾在伊利诺伊州和威斯康星联邦领地居住过 4 年，因两地均禁止奴隶制，所以他在两地居住期间的身份应是自由人而非奴隶。但案件在第一次审理时由于技术原因被驳回，原因是斯科特无法向法院证明：埃默森的确是他和他的家人的“主人”。1850 年，案件再第二次审理时，陪审团支持原告斯科特，但随后埃默森遗孀上诉到密苏里州最高法院。虽然密苏里州先前的其他案例表明斯科特应该胜诉，但 1852 年 3 月，密苏里州最高法院 3 位法官仍给出了 2 ∶ 1 的票数，推翻了下级法院的判决，判定斯科特仍然是奴隶。经过漫长而艰辛的诉讼，斯科特案终于在 1856 年 2 月上诉至最高法院。

最终经过两次法庭辩论，9 位大法官以 7 ∶ 2 的票数维持原判，驳回斯科特获得自由的请求。为此，首席大法官罗杰·坦尼撰写的判决意见，长达 55 页，主要论述了以下三点：

第一，即便自由的黑人也不是《美利坚合众国宪法》中所指的公民，所以斯科特无权在联邦法院提起诉讼。

对于这一点，坦尼的法律依据是，在立宪建国之前，只有州公民，没有美国公民。当联邦宪法正式生效时，联邦管辖下的各州公民自动成为美国公民。但是，由于黑人只是奴隶主的财产，在宪法生效时不具有州公民资格，所以他们没有自动归化为美国公民。

第二，斯科特不能因为到过所谓自由准州威斯康星就获得自由，因为在威斯康

---

① 美国建国初期，一些地方还没有建立州的资格，便设立准州作为过渡。

星准州禁止奴隶制的是《密苏里妥协案》，而制定《密苏里妥协案》超出了国会[1]的立法权力。

对于这一点，坦尼认为，奴隶制和奴隶的人身自由问题是制宪者绝对和无条件地保留给各州的管辖权利，联邦无权过问。这种州权至上的观点却不可避免地与1820年《密苏里妥协案》产生了冲突。就自然地引申出《密苏里妥协案》的合宪性问题。对此，坦尼大法官在判决书中毫不含糊地裁定：根据《美利坚合众国宪法》，国会无权在联邦领地禁止奴隶制，1820年《密苏里妥协案》是一项违宪法案。

第三，斯科特不能因为到过自由州伊利诺伊州就获得自由，因为他一旦回到密苏里州，他的身份就只受密苏里州法律支配。

判决结果一出，全国哗然。这一判决使得美国最高法院的威望一落千丈，也将当时本就已经激化的奴隶制矛盾推向了极点，更成为美国消灭奴隶制之战——南北战争的导火索之一。据说，1864年10月，87岁高龄的坦尼大法官在任内去世，晚境颇为凄凉。联邦政府行政部门的高级官员对斯科特案判决余怒未消，都拒绝出席坦尼的葬礼。

赛德是支持斯科特维护自己的人权与自由的，而且当时美国已经有对黑人的基本人权和自由进行保护的法案，自然不接受最高法院的判决结果，可在仔细看了坦尼大法官长达55页的判决意见书中详细的法律说明和论证后，赛德觉得其逻辑似乎也是对的。有些迷糊的赛德决定再去看看对这个案件更专业的评价[2]……

如果单纯从法律的角度看，坦尼大法官对这个问题的判决是无可厚非的。美国宪法之父麦迪逊明确指出：《美利坚合众国宪法》的第一目的就是保护财产权利，就是保障私有财产神圣不可侵犯。因此，如果仅仅因奴隶主携带黑奴在联邦自由领

---

①美国国会是美国最高立法机构，由参议院、众议院两院组成。两院议员由各州选民直接选举产生。

②出自“北京法院网”，具体网址：http://bjgy.chinacourt.gov.cn/article/detail/2012/09/id/887423.shtml。

地短暂居住就被自动剥夺拥有“财产”的权利，那实际上与“打土豪、分田地”的政策区别并不大。

但是，如果从政治角度看，坦尼法官的判决简直是一场灾难，这个判决不仅从宪法高度维护了奴隶制，而且堵塞了以法律手段解决南方奴隶制问题的道路。坦尼法官无视北方州已立法废除奴隶制以及南方州已被迫承认在一部分联邦领地和新州不得实行奴隶制的现实，他的判决等于把南北双方矛盾对立激化至不可调和的地方。

原来，法律这层底线在社会治理中的作用和意义，还要看如何解读。法律只是文字性的“死”条款，究竟如何解读和应用，最终还取决于“活”人。在这个案子中，该选择哪个角度呢？——是“《美利坚合众国宪法》的第一目的”这个角度还是“政治”这个角度，同时政治和法律之间又是什么关系呢？

听完赛德的分享和疑问后，宏义笑了笑回答道：“看来你已经对人与制度之间微妙而复杂的关系有了些体会和感想。坦白讲，对于你的疑问，爸爸也回答不出来，甚至我猜，当时的坦尼大法官也回答不出来，而且这个答案是需要随着时代的发展，由整个社会自上而下以及自下而上共同选择而来的。”

“另外，刚才你查资料的时候有没有了解到这个案件的后续发展——1865 年 12 月，联邦国会和各州批准了宪法第 13 条修正案，规定在合众国内受合众国管辖的任何地方，奴隶制和强制劳役都不得存在。1868 年，为了解决黑人的美国公民身份问题，保障黑人的联邦宪法权利，美国国会和各州批准通过了宪法第 14 条修正案，规定所有在合众国出生或归化合众国并受其管辖的人都是合众国的和他们居住的州的公民。可以看到，虽然斯科特案在当时被判驳回起诉，但案件影响却在不断持续，并最终从法律上解决了黑人的公民身份和奴隶制问题。因此，法治从某种程度上而言，是在各利益攸关方的选择、权衡、妥协之中曲折前进的，是一种在流动中寻求平衡的制度。”

一“锤”定音

晚饭时间到了，看到赛德还在书房琢磨“社会治理”的议题，宏义笑着说道：“社会制度该如何设计，法治又该如何治，是一个非常复杂的议题，你也不要着急，可以在以后的学习和生活中再慢慢去理解和体会。随着年龄的增长，爸爸相信你在有了更多的阅历后，对这个议题会有更广博和深刻的理解。快来吃饭吧，妈妈做了你最爱吃的笋子烧牛肉哟！”

听到爸爸的召唤，赛德这才反应过来，原来已经到晚饭时间了！赛德觉得这个议题确实太过“烧脑”，决定先去吃点笋子烧牛肉补补脑，于是小跑进厨房帮忙端菜。

晚饭后，崇礼约了张阿姨去逛街，今天天气不错，赛德和宏义决定也去公园散步消食。看着疫情渐渐平稳后，公园里越来越多的人群，宏义不禁感叹：“不管如何，社会治理最重要的前提是‘和平’。前段时间，叙利亚疫情暴发之时，在网上搜‘叙利亚’‘战争’的热度排序还在‘疫情’之前。”

“嗯，当时我们同学之间也在讨论这个事情——为什么人们对叙利亚或者非洲一些地区疫情的关注度不高。”赛德也跟着慨叹起来。

“对了，其实人与制度之间的关系不仅体现在一个国家或者社会这么宏观的层面，在企业甚至家庭中，也存在人与制度的关系问题。你知道我们家这么多年为什么一直用的都是‘海尔’牌冰箱吗？”

听着爸爸话锋一转，赛德也瞬间切换了“频道”：“信得过‘海尔’的质量呗！”

宏义笑了笑继续说道：“其实背后还与海尔这家企业的成长经历和管理特色有关。”看着赛德好奇而期待的眼神，顿了顿，宏义继续分享：

海尔集团创建于1984年，当时的海尔还只是一个集体小厂——青岛电冰箱厂。1985年12月的一天，时任厂长张瑞敏收到了一份用户投诉，反映工厂生产的冰箱存在质量问题。于是他带领工厂的管理人员突击检查了仓库，发现仓库里的400多台冰箱里竟然还有76台冰箱都不合格！这样的次品率让张瑞敏大发雷霆，他意识到，如果再不改变海尔的生产管理方式，海尔就看不到未来。他痛定思痛，决定把这些不合格的冰箱全部砸掉，谁生产的谁来砸！

听闻这个决定，许多老工人当场就流泪了……要知道，在那个物资紧缺的年代，别说正品，就是次品也要凭票购买的！如此“糟践”，大家“心疼”啊！当时，据说连海尔的上级主管部门都难以接受。但张瑞敏明白：如果放行这些产品，就谈不上质量意识！绝不能用任何姑息的做法，来告诉大家可以生产这种带缺陷的冰箱，否则今天是76台，明天就可以是760台、7 600台……所以必须实行强制，必须要有震撼作用！最后，张瑞敏选择了不变初衷，并带头砸下了第一锤。

结果，就是这一柄大锤，伴随着那声声巨响，真正砸醒了海尔人的质量意识！也正是这一锤，让海尔在张瑞敏的带领下正式和过去集体、粗放的管理方式告别，转型为精细化管理的现代化企业——从“日事日毕、日清日高”的OEC管理法[①]，到每个人都面向市场的市场链管理，再到互联网时代的“人单合一双赢”模式管理，海尔在内部管理的改革与创新上，越行越远。也正因此，张瑞敏以卓有成效的管理为管理界输出了一个又一个创新的商业模式和经典管理案例，创造了富有中国特色、充满竞争力的海尔公司，在国际上享有盛誉。

耶鲁大学管理学院高级副院长杰夫瑞·菲尔德·A.曾评论道：张瑞敏是一位真正的全球商业巨人，他令他的竞争对手、同行以及像他一样的中国商业领导人都肃然起敬。作为一个转型领导者，他汲取中西方商业实践的精华，创造了他自己独特的管理模式。

但又正是这样的一个领导人常常挂在嘴边的一句话是“以时代为师、为是，以自己为非”。眼下，世界正经历着一场从传统工业到互联网工业再到物联网工业时代的变革。时代在演变，海尔的组织管理也在不断探索、革新。

赛德听了爸爸的分享陷入了沉思，过了几分钟，他忍不住感慨：“看来海尔能有今天的品牌地位，管理方式的确起到了很大的作用啊！”在父子俩的交谈中，夜色不知不觉愈发浓郁了……

---

①OEC管理法（Overall Every Control and Clear），意思为全方位优化管理法，是海尔集团于1989年创造的企业管理法。

基础讨论

1. 你觉得人性本“善”还是人性本“恶”？你如何理解“道德”“法律”以及两者的关系？

2. 你觉得“道德”与“法律”对一个社会的制度设计和运行分别有怎样的作用和意义？

3. 在本课第一个案例故事的基础上，进一步收集资料，详细了解“斯科特案”的始末，你觉得为什么赛德会一方面不接受最高法院的判决结果，一方面又觉得坦尼大法官的判决逻辑是合情合理的？这一案件究竟给社会带来了哪些影响？

4. 你觉得是什么原因促使海尔从一个集体小厂发展成一家年营业额逾千亿的全球化公司？

拓展讨论

1. 本课第一个案例故事的最后，宏义总结“法治从某种程度上而言，是在各利益攸关方的选择、权衡、妥协之中曲折前进的，是一种在流动中寻求平衡的制度”，请从人与制度关系这个视角，谈谈你对这句话的理解。

2. 请在老师的引导下，收集和整理更多资料，了解海尔的管理制度和发展史，在此基础上，进一步谈谈你对企业管理中“人与制度之间关系”的理解。

3. 宏义认为，在家庭里，也有“人与制度”的关系问题。你能不能联系自己家庭的实际情况，谈一谈你对宏义这个说法的理解？你们家都有哪些“制度”？你是否全部赞成？这些“制度”又是否需要进一步修订和完善？

4. 在阅读完本课的所有案例之后，请谈一谈你对“天地节而四时成。节以制度，不伤财，不害民”这句话的理解。

财商实践

【主题】

- 公司管理调研

【内容】

- 选择一家较为知名的上市公司，收集和整理资料，分析其组织架构、决策机制及管理模式。
- 再收集和整理资料，调研其领导层、管理层在公司发展过程中的影响与作用。
- 比较分析“股权结构、组织架构、管理模式”与“领导层、管理层”人员的个性特征对公司发展的影响与作用，进一步探讨在管理过程中如何处理人与制度的关系。

财商思考点

- 道德
- 企业管理制度
- 法律
- 法治社会
- 社会治理
- 中央与地方
- 社会制度
- 宪法与其他法律
- 公司治理

第11课

经济与法

不以规矩，不能成方圆。

——孟子

身边的财商启示

疫情虽然没有完全平息，但整体形势可控，社会的齿轮便也慢慢启动、正常运转起来，而赛德他们学校线下教学恢复都快 1 个月了。盼星星盼月亮，赛德终于又盼来了周末，能回家的日子，阳光总是格外灿烂。经过食堂一周的“洗礼”后，赛德想到马上就能吃到妈妈做的拿手好菜，不禁边走边哼起了小曲儿。

“老爸老妈！小帅哥我回来啦！”他像往常一样兴奋地推开家门，准备迎接一家人的周末团聚，却在门口就感受到了今天家里的氛围有些沉闷——崇礼依然在厨房忙着准备晚餐，却只是简单应了一声；宏义也依然坐在客厅喝茶，却眉头紧锁。“今天好像有些不寻常……”赛德心里琢磨着，放下书包便乖乖到厨房帮忙，好顺便向妈妈刺探情报、了解情况。

原来，宏义的玩具公司经常合作的一家塑料厂的经营出了问题，其资金链断裂，随时可能破产，但是两家还有一笔原材料的采购订单没有完成，而且玩具公司已提前支付了订金，现在宏义一方面担心这笔订单不能按时交付，会影响玩具厂接下来的生产和交货计划；另一方面，担心塑料厂破产，预付的货款收不回来。赛德知道事情的原委后，心里也觉得着急，很想替爸爸分忧。晚饭过后，赛德给宏义重新泡了一杯茶，说：“爸爸，你也不用太担心，我们和他们合作了这么久，关系都很好，我记得那个李叔叔和你私下也经常喝茶聊天，所以就算是塑料厂真的破产了，也肯定会把定金给还回来的。”

宏义本来因为塑料厂的事情烦心，听着儿子“一本正经”的分析，欣慰地笑了：“要真能像你说的这样，就不用着急了。愿望总是好的，但公司经营不同于个人之间的借贷，背后可都有严格的规则和秩序，如果塑料厂真破产了，剩下的钱究竟先还谁后还谁，就要按《中华人民共和国公司法》和《中华人民共和国企业破产法》的规定来清算，而不是靠‘关系’，否则，岂不乱套了？”

“看来要帮爸爸分忧，光有良好的愿望还不够，必须得有专业知识支撑才行，我这就行动！”说完，赛德便跑去书房打开电脑，在《破产法》里找到了关于公司破产清偿的相关规定，发现债务的偿还有严格的顺序，如果公司资产清算之后仍然不足以偿还所有债务时，债权人就可能面临无法收回的风险。

而进一步阅读条款后，赛德发现，如果相关债权有担保的话，担保物处置后的款项，可以优先受偿！看到这儿，赛德赶紧跑出来:“爸爸，我们预付款的采购协议中，有设定担保条款吗？”

“是有的！公司所有预付款协议中，都会设定以采购的标的产品为担保品！还好你提醒，我刚一着急把这一有利条件给忘了。”说完，宏义赶紧给公司的法律顾问打了电话，让他去处理。

财商案例

第二天上午，赛德还在房间写作业，宏义便端了一盘水果笑眯眯地推门进来，轻轻放在桌子上：“今天中午妈妈不在家，昨天你又帮了我一个大忙，爸爸给你做好吃的！说吧，你想吃什么，红烧牛肉还是香菇炖鸡？”

“哈哈哈，以您的厨艺，准是又拿方便面糊弄我。”

“嘿，你小子可千万别小瞧这方便面！它作为家中常备食品在人们消费生活中可是占有重要地位的，当年方便面价格的一点变动还在全国范围内掀起了一场舆论战呢！”

“哦？”听到这里，赛德来了兴趣，“方便面又不像米、面、油，能有这么大影响力？还请父亲大人细细讲来听听，就当给方便面增加点‘营养’。”

“你昨天不是说要多了解经济法方面的知识吗？正好你也学习一上午了，可以换换脑子，自己去了解了解整个事件的经过，一会吃饭的时候我们再一起讨论，我先去给方便面加俩鸡蛋和青菜，丰富一下营养！”

刚好做完物理试卷，赛德便在网上找到了一篇关于当年方便面涨价事件的报道，仔细浏览起来……

方便面“组团”涨价

我国一直是方便面生产和销售的大国。2006 年，我国方便面总产量 460 亿包，占到全球总量的 51%，销售额近 300 亿元，产量和销量都是世界第一。2007 年，有消息称，受国际油价的影响，占到方便面生产成本 18% 的棕榈油价格从 4 000 元 / 吨猛增到 8 000 元 / 吨，同时，其他主要原材料包括面粉、辣椒、马铃薯淀粉的价格也有不同程度的上涨，总体而言，方便面的原材料成本上涨了 20% 左右。面对成本的激增，高价方便面品牌还能有微薄的利润空间，中低价的方便面品牌只能亏损经营、举步维艰。为了平衡收支，很多方便面厂商都悄悄“瘦身”，减少了面饼和配料重量，但这一做法导致了方便面产业公信力的下降和消费者的流失，并引起市场的指责。

出于产业经营的考虑，2007 年 4 月至 7 月，“世界拉面协会中国分会”召开了三次会议明确涨价幅度和涨价时间。同年 7 月 26 日，河南方便面协会 20 多家成员企业率先调高中低档方便面价格，随后康师傅、统一、今麦郎、日清、农心等 10 多家知名企业全部参与此次统一调价，其市场覆盖率达到 95% 以上，平均提价 20%，最高提价幅度达到 40%。这一次全面提价引发了许多争议，方便面厂商集体涨价的合理性成为大家争论的焦点。

看到这儿，赛德疑惑了：成本上升导致产品涨价不是很合理吗？怎么还会引发争议呢？

中午吃饭的时候，赛德把自己的疑惑告诉了宏义，宏义说：“这篇报道只说了事情的开端。首先，原材料涨价的幅度真的是 20% 那么多吗？看相关报道，有时要注意合理怀疑其真实性。其次，个别企业因为原材料涨价而适度涨价，这无可厚非，但像这样以整个行业形成价格联盟的方式涨价，就很不一样了，你觉得作为消费者会受到怎样的影响呢？”

赛德想了想说，“我上午看到的那篇报道里说的是‘有消息称’，还真没注意这个 20% 的数据是否可信，下午我再查实一下。至于后一个问题，个别厂家涨价，个体消费者还可以买其他厂家的产品，但现在整个行业全都涨价，消费者就没有选择只能乖乖掏钱了。如果其他行业也都这样联合起来涨价，那岂不就全乱套了？”

“你分析得不错！吃完饭

你可以了解一下后来的解决方式，也许能帮你找到答案。”

吃完饭，赛德迫不及待地开始浏览当年方便面涨价的后续报道。

市场秩序不容乱

方便面全面提价的前一天，市场就有了动静，很多超市都发生了方便面哄抢、断销的情况，而且带动了其他一些食品的跟风上涨，对此，许多省市的消费者协会和有关律师都提出了强烈谴责和质疑——他们表示，根据行业数据调查，虽然2017年的棕榈油价格确有较大幅度上涨，但是落到方便面的实际生产成本中，影响只有2%左右，即使把所有原材料的价格变化都综合起来，总成本上升也不到10%，再加上各个厂商之前的产品“瘦身”行动已经变相涨价了10%左右，这次行业集体的价格上涨更多的是被企业当成谋取利润的手段，以某方便面上市企业为例，从其2017上半年的财报来看，其2017年上半年的销售利润比2016年原材料还未上涨时的同期相比，增长了18%。

“原来如此！怪不得会引发市场的谴责，这以成本上升之名、行涨价之实的行为，太过分了！”看到后续更多的信息后，赛德不禁也加入了声讨的行列。

针对我国方便面市场的变化，国家发展和改革委员会（简称国家发改委）作为市场行为主要管理机关迅速反应，在2007年7月31日发布全国公告，强调对价格垄断、价格欺诈、价格歧视、囤积居奇、哄抬物价等价格违法行为高度重视，并对相关行为进行深入调查，在2017年8月16日对调查情况进行了通报——认定这次由世界拉面协会中国分会及相关企业串通涨价的行为严重扰乱了市场价格秩序，阻碍了经营者之间的正当竞争，损害了消费者合法权益。违反了《中华人民共和国价格法》第七条“经营者定价，应当遵循公平、合法和诚实信用的原则”，第十四条“经营者不得……相互串通，操纵市场价格”，第十七条“行业组织应当遵守价格法律、法规，加强价格自律”的规定，以及国家发改委《制止价格垄断行为暂行规定》第四条“经营者之间不得通过协议、决议或者协调等串通方式……统一确定、维持或变更价格”的规定，已经构成相互串通、操纵市场价格的行为。责令立即整改。

通报发布当天，世界拉面协会中国分会就方便面涨价问题发表致消费者的一封公开道歉信，第二天开始全国范围内方便面的价格逐渐回落，至此，持续近一个月的“方便面集体涨价”事件正式落幕。

了解完整个事件的来龙去脉之后，赛德不禁出了身冷汗，心想：这次的方便面涨价，一开始说各种成本都涨了，自己也简单地认为——既然成本涨了，那方便面跟着涨一点是理所当然，哪里想到这背后有这么多真真假假的猫腻，如果没有后续政府主导的彻底而有力的调查，岂不是“天下大乱”了？看来，在那些无形的手解决不了的领域，尤其是在构建公平的竞争环境和规则方面，动用“有形的手”是必要的呢！

基础讨论

1. 在老师的引导下，收集和整理资料，进一步了解企业破产清偿的规则，并说说你觉得为什么要这样安排清偿顺序？

2. 你觉得，方便面厂商集体涨价的行为除了侵害了消费者权益，还会有什么连锁影响？

3. 什么是 “看不见的手”？什么是“看得见的手”？两只手在资源配置上各有何优点和缺点呢？

拓展讨论

1. 请在老师的引导下，收集和整理资料，了解我国有哪些常见的经济法规？在此基础上思考这些经济法规背后的立法逻辑是什么？

2. 请在老师的引导下，收集和整理资料，结合具体的例子理解“垄断”的性质与形式，并分析本课方便面组团涨价与哪种形式比较相似。

3. 在阅读完本课所有案例故事之后，请说说你对“法治”“法制”与“市场经济”之间关系的理解。

财商实践

【主题】

- 法治与经济

【内容】

- 查找一部经济领域的法律或法规，按照其中涉及的经济关系主体、客体和他们所享有的经济权利和承担的经济义务几个方面进行梳理。
- 对该法在这一领域起到的作用做出评价。
- 请谈谈经济立法中常说的“公开、公平、公正”这“三公”原则，在上述法律或法规中是如何体现的。

财商思考点

- 经济法
- 破产法
- 公司法
- 破产清算
- 债务清偿
- 价格垄断
- 价格歧视
- 市场经济
- 法治经济
- 看不见的手
- 看得见的手
- 辛迪加
- 托拉斯
- 卡特尔

第12课

国际经济秩序

通商者，相仁之道也，两利之道也。

——谭嗣同[①]

①谭嗣同，字复生，号壮飞，中国近代著名政治家、思想家，维新派人士。其所著的《仁学》是中国近代思想史中的重要著作。

身边的财商启示

最近，赛德在学习之余研究起了“经济全球化”这一议题，权当是转换思路，要天天都是“理化生”，脑袋可受不了。可他越研究，越发现“经济”这个鲜活的领域虽然无处不在，但也挺“枯燥”的。生产、贸易、倾销……书上的字眼像长了翅膀，刚被按进脑子里，又迅速飞了出来，弄得赛德心烦意乱，干脆合上书，出去和老爸看看电视，换换心情。

宏义看到赛德一脸不快地从房间里出来，有点意外：“是不是爸爸看电视打扰到你学习了？”赛德一屁股坐在沙发上说：“不是！是‘经济全球化’打扰到我了，有些专业术语和案例，我怎么也理解不了。”

宏义听完赛德的抱怨，呵呵笑道：“经济学这类专业，可不是死记硬背的，就算勉强记住，过一阵也会还给书本。比记住更重要的是理解和运用。正好，财经频道这会在回顾前段时间世界经济的重要新闻，最近全球经济形势也确实变幻莫测、风云诡谲，要不我们一起看看？说不定与你要记忆、理解的东西正好对得上，死的知识点能变活呢！”

“美国当地时间 2020 年 1 月 15 日上午，中美第一阶段经贸协议签署仪式在美国白宫东厅举行，中美经贸协议文本包括八个章节，涉及知识产权、技术转让、食品和农产品贸易、金融服务、宏观经济政策和汇率、扩大贸易六大领域问题，外加一个双边评估和争端解决机制说明……”

听着主持人的播报，赛德一头雾水，宏义却很高兴：“这一年来工厂的订单因为贸易争端受到不小的影响，现在情况总算是有点缓和了，不知第二阶段会怎么样，仍然有许多的变数呀。”

“中美贸易争端影响这么大吗？我以为离我们很远呢。最近倒是总听到相关的新闻，不过具体怎么回事我一直不太清楚。”

“这场贸易争端的背景复杂，与知识产权、美国的贸易逆差、世界贸易组织对发展中国家的政策——比如关税对等性、国际政治等相关，我们公司的玩具中，有一部分是出口美国的，目前关税税率为零，如果关税提高到 25% 将意味着我们会在美国市场上失去价格竞争优势，或者为了占有市场我们就不得不让利，甚至无利可图。别看美国离我们很远，如今全球就像一个‘村’，中美关系可是牵扯着我们公司的生死存亡呢！”

财商案例

中美贸易争端①

听完老爸的话，赛德忽然觉得“知识”并不“死板”，就切切实实发生在日常生活之中，只不过需要应用起来，于是决定带着要研究的内容，仔细了解这次中美贸易争端的经过。

2017 年 8 月 18 日，美国政府宣布对中国发起“301 调查”，并于 2018 年年初宣布对中国出口至美国的钢铁、铝及其加工制品征收 10% ～ 106% 不同程度的关税。2018 年 4 月 4 日，美国以“知识产权侵权”为由对我国输美的 1 333 项约 500 亿美元的商品加征 25% 的关税，并实施投资限制。美方来势汹汹，中方也不甘示弱，中美贸易争端就此拉开序幕。

①本文中均使用北京时间。

中方		美方
2018 年 4 月 4 日 宣布对自美进口的大豆、飞机、汽车及化工品等 106 项约 500 亿美元商品加征 25% 关税 2018 年 4 月 5 日 发起世界贸易组织争端解决机制，向美提出磋商请求	第一阶段	2018 年 4 月 4 日 对自华进口的 1 333 项约 500 亿美元商品加征 25% 关税，并实施投资限制 2018 年 4 月 5 日 拒绝磋商
2018 年 6 月 16 日 宣布对自美进口的约 500 亿美元商品加征 25% 的进口关税，其中约 340 亿美元商品与美国同步实施，约 160 亿美元商品实施时间待定	第二阶段	2018 年 6 月 15 日 宣布将对从华进口的 500 亿美元商品加征 25% 关税，其中对约 340 亿美元商品于 7 月 6 日实施，对其余约 160 亿美元商品开始征求公众意见
2018 年 8 月 23 日 在世界贸易组织起诉美国；宣布正式对自美进口的约 160 亿美元商品加征 25% 的关税	第三阶段	2018 年 7 月 11 日 公布进一步对华加征关税的商品清单，拟对约 2 000 亿美元中国产品加征 10% 关税 2018 年 7 月 16 日 诉诸世界贸易组织争端解决机制，起诉中国 2018 年 8 月 7 日 宣布对自华进口的 160 亿美元商品加征 25% 关税，并于 2018 年 8 月 23 日正式实施

2019 年 6 月 1 日 对已实施加征关税的部分美国商品，分别加增 25%、20% 或 10% 关税。对之前加征 5% 关税的税目商品，仍继续加征 5% 关税。 2019 年 8 月 23 日 对自美进口的约 750 亿美元商品，加征 10%、5% 不等关税，分两批自 2019 年 9 月 1 日、2019 年 12 月 15 日实施	第四阶段	2018 年 9 月 18 日 对自华进口的约 2 000 亿美元商品加征关税，自 2018 年 9 月 24 日起加征税率为 10%，2019 年 5 月 10 日起加征税率提高到 25% 2019 年 8 月 15 日 对自华进口的约 3 000 亿美元商品加征 10% 关税，分两批自 2019 年 9 月 1 日、2019 年 12 月 15 日起实施

在中美经贸团队的沟通和世界贸易组织的协调下，双方连续开展了几轮经贸磋商，紧张态势有所松动。2019 年 9 月，中美双方互相公布了部分加征关税商品排除清单。经过进一步协商，美国当地时间 2020 年 1 月 15 日上午中美签署了第一阶段经贸协议，下调加征关税税率，暂缓部分关税的加征行动。至此，这场没有硝烟却惊心动魄的“较量”终于有所“缓和”。

看完整个事件的经过，赛德不禁暗自感慨，这场“你来我往”的较量真让人大开眼界！而且以前竟没有发现，国际贸易还是捍卫国家利益的重要武器呢！他注意到，中美竞争的过程中一直在强调维护多边贸易体制，也一直都有世界贸易组织的身影，连这两个超级大国都要考虑它的建议，那世界贸易组织是个什么样的组织呢？有什么作用？国际上还有其他国家都需要共同遵守的公约吗？赛德突然觉得“全球化”已经变得具体、生动和形象，不再只是些枯燥的文字了。

世界贸易组织

以前的政治课上赛德有学过“世界贸易组织”，但也只是学了些基本概念，了解根本不到位。因此为了搞清楚让超级大国都得“敬让三份”的世界贸易组织，赛德再次搜索起关于这个组织的资料，他想知道世界贸易组织的来历以及在全球贸易中的作用，特别是在这次中美贸易争端中，世界贸易组织都做了哪些事。

世界贸易组织（World Trade Organization），简称世贸组织（WTO），是一个独立于联合国的永久性国际组织，总部设在瑞士日内瓦，其基本原则是通过实施市场开放、非歧视和公平贸易等原则，来实现世界贸易自由化，有“经济联合国”之称。

世贸组织于 1995 年 1 月 1 日正式成立，负责管理世界经济和贸易秩序，成立之初共有成员 112 个，到 2020 年成员达到 164 个，贸易总额达到全球的 98%。世贸组织的目标是建立一个完整的，包括货物、服务、与贸易有关的投资及知识产权等内容的，更具活力、更持久的多边贸易体系。由于各国产业结构和发展情况有所不同，世贸组织的管理既会促进各国间贸易往来，又对各国贸易有所限制。

不过，近年来世贸组织也遇到越来越多的挑战，特别是发达国家与发展中国家间的贸易利益平衡问题、知识产权争议等，这也要求世贸组织本身必须不断地进行自我革新和自我完善。

就以这次中美贸易争端来说，世贸组织的身影一直穿插在双方的博弈之中。事实上，中美双方在采取措施和表达观点的时候，也始终在“国际贸易规则”的框架下，双方几次的世贸组织诉讼交锋，让我们看到这不仅是一场“贸易争端”，也是一场“法律战争端”。中国在批评和起诉美国时，提到《关税及贸易总协定》中“不得随意提高关税”和“不得采取歧视性措施”等规则，而美国在辩解的时候，也援引了关贸总协定中“安全例外”条款和自己对世贸组织争端解决管辖范围的理解。中国采取反制措施的时候，以《保障措施协议》为依据，而美国则认为自己所采取的措施不属于保障措施。

世贸组织为中美贸易行为提供了依据和准则，也提供了一个解决贸易争端的平台。如果没有世贸组织和国际贸易规则，美国在发起“301 调查”时，不必刻意回避世贸组织所管辖的领域，中方也无法起诉美国、发出声音、采取反制。想象一下，如果没有世贸组织，中美两个经济大国放手厮杀、随心所欲，在如今这个“地球村”，世界上其他国家的经济和贸易将会无端受到多少牵连？甚至会对一些国家的经济造成毁灭性打击。

看完世贸组织的介绍，赛德由衷感叹：在这场贸易争端中，世贸组织和其代表的国际贸易准则是平衡器和冷却剂，是约束力和边界线，更是人类理性之光。贸易争端一方面是对国际贸易原有秩序的挑战；另一方面也要求世界贸易组织本身与时俱进、不断革新。国家之间交往，需要相互尊重，也需要规则和秩序，只有这样，才能和平共处、天下太平。

基础讨论

1. 请在老师的引导下，收集和整理更多资料，了解中美贸易争端的经过，你觉得中美为什么会产生贸易争端?

2. 请在老师的引导下，收集和整理更多资料了解世贸组织在中美贸易争端中做过的事情、所发挥的作用。在此基础上，谈一谈世贸组织在国际贸易中的角色和作用。

3.2001 年，中国正式加入世贸组织，这给中国的贸易带了来哪些变化?

拓展讨论

1. 中美贸易，是不是只有对抗?有没有合作?如果有的话，是如何合作的?请举例说明。

2. 请从关税、商品进出口、知识产权、国际关系等角度评价中美第一阶段经贸协议的意义和影响。

3. 在网上找找其他类似的国际准则、标准和组织，请思考建立这些国际准则、标准和组织时应遵循的基本原则有哪些，为什么有这些原则。

4. 在阅读完本课的所有案例后，请谈一谈你对“通商者，相仁之道也，两利之道也”这句话的理解。

财商实践

【主题】

- 国际合作与竞争实例：“一带一路”倡议

【内容】

- 查阅资料了解我国的“一带一路”倡议，重点关注其背景、原则和实施机制。梳理出在“一带一路”建设中，出现了哪些合作、哪些竞争。
- 收集和分析关于“一带一路”不同的声音和看法，试讨论应如何看待有些看似矛盾和冲突的观点。
- 观察身边有哪些物品或其部件是来自其他国家的？比如电脑和手机中的CPU，或耐克运动服、红酒。你能想象这些产品和配件是如何来到你手上的吗？可能会经历哪些过程？

财商思考点

- 贸易顺差与逆差
- 自由贸易
- 贸易壁垒
- 贸易保护
- 国际经济组织
- 贸易争端
- 世界贸易组织（WTO）
- 国际货币基金组织
- 巴赛尔协议
- 国际经济秩序

第13课

财富之道与义

君子爱财，取之有道。

——《增广贤文》[1]

---

①《增广贤文》，又名《昔时贤文》《古今贤文》，是中国明代时期编写的儿童启蒙书目，集结了中国从古到今的各种格言、谚语，内容主要涉及为人处世、读书与学习等方面。

身边的财商启示

还有半个月就是全市联考，赛德最近是“一心为复习，不闻窗外事”，即使回家的周末也不改“复习＋练题”的节奏。

这天上午，刚做完物理试卷，满脑子沉浸在普朗克、拉瓦锡、爱因斯坦世界里的赛德，准备去阳台呼吸呼吸新鲜空气。路过客厅时，赛德正好看见爸爸宏义和妈妈崇礼正小声议论。“爸，妈，你们在说什么呢？”赛德伸了个懒腰随口问道。

宏义看着走进来的儿子，眉头舒展了些，笑了笑：“卷子做完出来休息啦？我跟你妈在说公司的事呢。之前看到消息，国家统计局发布了 2019 年第四季度和全年国内生产总值(GDP)初步核算结果。2019 年全年 GDP 为 99.08 亿元，同比增长 6.1%；而 2019 年四季度 GDP 为 27.8 亿元，同比增长 6%，下滑趋势仍然比较明显。所以我和你妈妈商量准备放缓公司的发展速度，今年不打算扩大生产规模了，多留存些现金以备不时之需。”

“GDP 增速这个指标有那么重要么？它的变化竟能直接影响老爸你的决定？”听完爸爸的解释后，赛德略带疑惑。

“GDP 是衡量一国经济发展与变化的重要指标，这里说的还是名义 GDP，如果是实际 GDP，还可以用来衡量整个社会的财富增长情况，你说重要不重要？”宏义笑着看着赛德。

听了宏义的话，赛德更疑惑了：“整个社会的财富增长？我刚才的物理作业中还在讲物质不灭、能量守恒，既然守恒，那财富的增长从哪里来呢？”

“哈哈，这个问题问得好！深层次的道理我们先不说，就从直接经验来讲吧。

爸爸和妈妈像你这么大的时候，吃饱穿暖都还是一件很困难的事，而你爷爷奶奶他们小时候，更是吃了上顿没下顿。可现在的你，却不用再为吃穿发愁。如此看来，物理学似乎和经济学之间似乎真的出现矛盾了——这‘经济增长的源泉’究竟是什么呢？”

财商案例

学习的意义

这周，全市联考的成绩下来了，赛德考得不理想，周五回家后，便把自己关在房间里，晚餐也没出来吃。宏义和崇礼商量着，给赛德多一些时间自己面对和接受，便没去打扰他。

周六一大早，崇礼做了赛德最爱吃的豆浆和油条，便出门买菜去了，家里只剩宏义和赛德两人。估计赛德已经起床，宏义便去他房前敲门，“妈妈做了你最爱吃的豆浆油条，收拾好就出来吃早餐吧！今儿这油条做得外脆内软，就着豆浆吃可香了！”

说完，宏义便去厨房把热腾腾的豆浆和油条端上餐桌，待摆好碗筷就看见赛德从房间出来。爷俩就这么一人坐一边儿吃了起来，谁也没提成绩的事。吃完后，爷俩又一起收洗碗筷。

“爸，你们怎么没问我成绩？”

“和成绩比起来，我和你妈更在意你的感受。”

“我昨晚心情确实很不好，不过现在好点了。谢谢你们，昨晚能让我自己一个人静静。”

“情绪会来也会离开。现在心情好点了，有这豆浆油条的功劳吧？”

“哈哈，当然有啦！不过，昨晚，确实挺难熬的……但你们真的不关心我的成绩？马上就高三，很快就高考了呢！”

“其实与成绩相比，我们更关心你‘学会了什么’！我和你妈一路看着、陪着你成长，对于你‘学会了什么’，我们一直都很有信心。”

“其实我昨晚心情不好，一方面有成绩的原因，另一方面也有因为成绩而产生的‘自我怀疑’。我突然觉得，现在的学习，似乎没有意义！比如，学函数与几何，到底有什么用呢？”

看着儿子迷惑、难过的样子，宏义知道赛德正在经历他必须自己经历的成长历程——如何将自己的现在与未来联结起来，于是耐心引导道：“我们公司上个月刚结束应届生的招聘工作，最终留下来 5 个人。巧的是，这 5 个人都是同一所大学毕业的。更有意思的是，最终公司给这 5 个人定的工资却不一样，这 5 人中有一个大哥哥，公司给他定的年薪是 50 万元，在这 5 人中属最高的，都快赶上你张叔叔的工资了！”

“张叔叔不是公司的行政总监么，在我们公司工作都快 5 年了！这个哥哥刚毕业的工资收入就能赶上张叔叔的工资？”

看着赛德的好奇心被激起，宏义进一步问道：“对呀！你觉得这是因为什么呢？”

“他刚毕业就能拿到这么高的薪资，肯定有什么特殊的原因……他能为公司创造更多的价值？”

“你的直觉很准！公司目前为了进一步拓展高端市场，新启动了一个重要的研发项目以升级产品结构。这个应届毕业生虽然没有太多职场经验，但他在校期间的项目经历丰富，最为重要的是，在这诸多项目里有一项重要的技术是他主导研发的，而这个技术对我们目前一款高端产品的研发非常重要，所以我们请他来负责这款产品的研发！”

听完宏义的回答，赛德总结道：“原来如此，那他确实应该拿这么高的工资！其实不管是个人，还是公司，要想有更好的发展，都得看能为他人创造多大的价值，对吧爸爸？就像我们公司要升级产品结构一样，也是为了给市场提供更高端的产品……可，这和我的‘自我怀疑’有什么关系呢？”

宏义对赛德的总结非常认可，点头道：“确实如此！那你再想想，‘能为他人创造价值’的能力是怎么来的呢？”

“那肯定是不断学习、实践来的嘛！……可，这还是与我们现在学的东西没有关系啊！”

“其实你已经说到了——创造、创新能力是基于学习能力而来的，只不过，‘学习’是一个系统且持续不断的过程。更高阶的学习，比如大学的学习，是需要以基础的学习内容，比如中小学的知识与技能为基础的。我们刚说到的那个拿高工资的大哥哥，他高中时候的物理和数学成绩非常优异，这才为他在大学时期学‘微电子’专业打下了很好的专业基础，要是不懂函数、导数这些基础知识，他根本就学不了‘微电子’专业！”

听到这儿，赛德突然对“学习”有了新的理解——原来我们日常生活的背后都有这些函数、导数做支撑，比如，没有这些算法，就不会有卫星导航、智能手机，甚至也不会有互联网。也许，学习求解函数、导数的方法在实际生活中确实既不能吃，也不能穿，但谁能说我们日常的吃、穿、住、行等背后，没有这些知识的支撑呢？更重要的是，这些学习可以训练思维，是在磨“脑子”这把刀，为“切割”其他更综合的问题创造条件呢。

此时，赛德昨晚的“自我怀疑”已全然消散，但与此同时他又有了新的困惑：这些日常司空见惯的东西背后，都有数学做支撑，我之前怎么感觉不到呢？另外，目前我自己的学习能力究竟怎么样？未来在大学里应该选择什么专业才能对他人、社会更有价值，从而积累自己的人生财富呢？

私募之王的陨落

和爸爸交流后，赛德走出了联考成绩不佳的低谷以及对“学习意义”产生怀疑的阴影。周天中午，赛德吃了妈妈炖的“笋子烧牛肉”后，下午要准备回学校了。看着儿子有条不紊地收拾行李，宏义依靠在房门欣然道：“嗯，看来重新调整了对学习的认知，那考虑过上大学后选什么专业了吗？”

赛德一边收拾书本和行李，一边回答道：“我数学不错，而且之前和同学聊天，大家都说金融好赚钱，大概率会选金融专业吧！”

宏义想了想后回答：“金融确实是一个非常重要的行业，所以这个专业也一直受到家长和同学的高度关注。我知道你从小对赚钱就很感兴趣，但如果你只是因为‘赚钱’选择金融，老爸倒建议你再多想想。”

“为什么不能因为‘赚钱’而选择金融专业呢？不都说‘学金融，好赚钱’吗？”赛德有些疑惑了。

“首先，任何一个专业，只要掌握了专业技能，都能为他人创造价值，都可以实现‘赚钱’的目标。其次，金融的核心并不只是关乎‘赚钱’，若只从这个角度去理解金融，不仅不能真正理解这个专业，还有可能会误入歧途！前几年发生的‘私募之王’徐翔的案子，可以说明一些问题，趁着回校前去了解一下吧！”

听完爸爸这么严肃的回答和建议，赛德把书包收拾好，赶忙开始收收集关于“私募之王”徐翔一案的相关信息。

徐翔，1978 年出生于浙江宁波一个普通的家庭，15 岁的时候就带着家里给的几万元闯入股市，专注于股票投资。他很有天分也非常努力，2009 年便创立了自己的公司，帮助客户进行资产管理。到 2015 年其公司管理的资产已达数百亿，个人身价也升至数十亿，二十余年个人财富翻了数万倍，名噪一时，集“私募之王”“私募一哥”的名号于一身。但是徐翔的私募传奇、财富神话却没能延续。2015 年 11 月 1 日，公安机关的公告表明，徐翔等人通过非法手段获取股市内幕信息，从事内幕交易、操纵股票交易价格，其行为涉嫌违法犯罪，被依法采取刑事强制措施。2017年1月23日，青岛市中级人民法院对被告人徐翔、王巍、竺勇操纵证券市场案进行一审宣判，被告人徐翔犯操纵证券市场罪，被判处有期徒刑五年六个月，并被处罚金110亿元。

看到这儿，赛德忍不住跑去继续和爸爸交流：“上百亿的资产，这也太多了吧！怪不得都说金融这个行业好赚钱！”

“你就只看到这个吗？”

爸爸的提问把赛德从“上百亿资产”的心潮澎湃中拉回现实：“还有最后的结局——被重处罚金、进了监狱！”

“那你还觉得这个‘私募之王’厉害吗？”

“他是通过内幕交易和操纵价格来赚钱，只能说他是在违法犯罪。要说厉害，也只是犯罪厉害！”

“对的！简单理解，内幕交易、操纵市场价格就是一些知情人士勾结起来，利用自己的资金、信息优势通过二级市场谋取巨大利益，他们获得的利益从本质上而言是从其他股民手中‘骗’过来的。”

“那岂不是他们赚多少，其他人就要亏多少？那他们赚了那么多，该有多少人亏呀！这么做也太不仁义、太没道德了吧！”听到这，赛德全然没了之前对“几百亿资产”的心潮澎湃，反而有些愤慨起来。

“正所谓‘君子爱财，取之有道’，现在知道我为什么建议你不要只是因为‘赚钱’而选择金融专业了吧？”宏义语重心长地总结道。

赛德似懂非懂地点点头，心想也许只有对“金融”这个专业有更全面的了解后，才能真正理解爸爸的建议。

基础讨论

1. 物理中质量守恒与能量守恒定律分别指的是什么？同时，我们一直在说的“经济增长”，增长的到底是什么？

2. 你觉得自己目前的学习能力怎么样？该如何进一步提高？结合自己的兴趣以及学习能力，你觉得自己以后在大学里最适合学什么专业？为什么？

3. 你是如何理解“金融”这个专业和行业的？为什么宏义建议赛德不要只是因为“赚钱”这个目的而选择金融专业？

4. 从“私募之王”徐翔一案中，你获得了哪些启发？

拓展讨论

1. 在你看来，物理学领域中的“质量 / 能量守恒定律”与经济学讲的“经济增长”两者之间是矛盾的吗？为什么？请结合对本课案例的理解，进一步说明，在你看来，经济增长的源泉是什么？

2. 结合自己当前真实的学习生活以及对未来的规划，谈一谈你对“学习的意义”的理解。

3. 在读完本课的所有案例故事后，请谈一谈你对“财富之道与义”的理解。

财商实践

【主题】

- 我的财富之道

【内容】

- 思考自己未来的财富目标，比如在 30 岁、50 岁、60 岁及 70 岁时，希望自己能拥有多少财富？并说明自己要如何去实现这些财富目标。
- 选 1 ～ 2 种你最想从事的职业 / 工作，通过资料查询、调查、访谈等多种方式，调研清楚在现实生活中这份工作究竟是做什么的，并说说你的职业选择与前面的财富目标之间的关系。
- 进一步思考，若要从事这份工作，需要什么样的“能力”支持？（可从学历层次、技能水平、实践经验等方面去总结）

财商思考点

- 名义 GDP
- 实际 GDP
- 经济增长
- 能量守恒
- 物质不灭
- 学习能力
- 创新能力
- 操纵价格
- 私募基金
- 二级市场
- 财富之道与义
- 经济增长的源泉

第14课

公平与效率之争

公与平者，即国之基址也。

——何启①

①何启（1859—1914），清末民初香港知名医生、律师、政治家、企业家和慈善家，香港首位获封爵士荣誉头衔的华人。1909年任香港大学助捐董事会主席。1913年将所办西医书院并入香港大学。

身边的财商启示

终于迎来暑假，赛德是忍不住地兴奋，拉着行李箱，一路兴高采烈地回到家。进门一看，却见爸爸宏义和妈妈崇礼正讨论着什么事，赛德装作有些无奈的样子——“爸、妈，你们在说什么呀，也不欢迎本少爷回家？”

“半个月不见，还‘少爷’了呀，没大没小！”崇礼迎上去，半责怪、半爱怜地给赛德来了个大拥抱。这时，宏义接过话：“你回来得正好，我和你妈妈正为公司发季度奖的事发愁呢！人力资源部报了个方案上来，但我们不太满意，都讨论半天了！我们读高中的‘少爷’能不能给点好建议呢？”

“要发季度奖！这么好的事，有什么可愁的。对了，有我一份吗？”

“要想分一份，可以呀！你要是能拿出一个让我们满意的方案，就可以考虑给你一份额外奖励！”宏义说完和崇礼相视一笑。

“太好了，进门就有奖，这个奖我拿定了！”赛德把行李放回房间后，坐到爸爸旁边，自信地说道。

“有自信是好的，不过，你也不要把这事想得太简单！”崇礼倒好一杯茶递给他。

赛德不当回事：“再难，能比挣钱难？直接平均分配，人人一样，不就行啦？”

宏义摇摇头，说道：“这季度奖，表面上是发钱、分钱，其实也可以看成是‘挣钱’的一部分。你想想，是不是只有让每个员工都感觉到‘为公司的贡献越大，得到的奖励越多’，以后大家才能更积极？你说的平均分配，看起来很‘公平’，实则却很不公平——因为忽视了不同员工所做贡献的不同！”

赛德想了想说：“每个员工对公司的贡献不一样，平均分配后，那些活干得多、贡献更大的员工反而成了最受伤的人，长此以往越能干的员工越留不下来，留下的将全是不能干的，那公司没法发展了。”想起以前书上讲过按劳分配，就接着补充：“我们政治课上以前讲过‘按劳分配’，那就按‘劳’分嘛！”

崇礼听到这儿，微笑道：“按劳分配听上去很有道理，但存在一个致命的问题——如何衡量‘劳动’？按工作时间吧，有人出工不出力；按劳动成果吧，同一成果又可能是很多人完成的，如何做到对劳动的精准衡量呢？”

听到这儿，赛德突然觉得要拿到这份额外奖励，不是想象的那么容易呢！

财商案例

分配里的大学问

为了争取额外的奖励，赛德上网查了许多关于奖金分配的资料，才发现在公司的运营管理里，奖金的发放直接关乎薪酬制度的设计，这是一个大学问呢！他发现，在许多大企业、大集团的董事会中会专门设立“薪酬委员会”，这个组织的职能就是对公司高级管理人员的薪酬政策与体系设计提出方案与建议的——比如，薪酬的结构该如何设定，固定的是多少、浮动的是多少？浮动的标准如何确定？是否需要进行期权激励等。

在资料里，赛德也再次看到了平均分配可能带来的问题。赛德思来想去，决定把切入点放在自己相对熟悉也觉得相对合理的“按劳分配”方式上。按马克思的本意，按劳分配的“劳”，是指一般的劳动，而劳动又可以从劳动数量与劳动质量这两个角度去解读，那就跟之前妈妈提的问题一样，如何能用一个比较合理的指标去衡量这个“劳”呢？在看了一些企业的奖金分配方案后他发现，大部分企业都有一套完备的体系去衡量一位员工对企业做出的贡献，在其中反复提到的一个词是“劳动成果”。大部分企业都是用劳动成果来衡量该员工的劳动产出。

可看到这里，赛德还是很疑惑，这不又回到了妈妈提到的问题么——“如果同一成果是多人完成的，又该如何精准衡量每个人的劳动成果呢？”奈何资料里并没有写明员工在公司期间产生的劳动成果该如何精准衡量，只提到会有一套完备复杂的体系用于平时考核，最后再用于奖金的测定。突然，赛德灵光一闪：爸爸的公司肯定也有用于员工平时考核和管理的体系，从那个体系应该就能对每位员工的平时表现和工作成果进行初步评估，结合这个评估结果再来设计“按劳分配”的奖金分配方案，应该是可行的。

想到这儿，赛德赶紧记下思路，并继续查阅资料以进一步细化思路形成方案，却发现自己一直认为是最合适的“按劳分配”方式也存在着不足之处。在企业的生产与发展过程中，所投入的不只是劳动，还包括资本等其他资源，一个公司的生产不仅需要劳动，还需要大量的资本性支出，比如土地、生产设备，这些资源要素的提供者虽然没有直接付出劳动，但没有这些生产要素，劳动也就没了作用的对象。因此在按劳分配的基础上还需要考虑按“要素”分配，进而形成最为科学、综合的分配方式。

这么看来，企业里复杂的考核体系是有道理的，这些体系就是为了更好地衡量员工对企业做出的贡献，其本质就是一种按“劳”分配的思想，不过这里的“劳”不只是劳动成果，而是综合考虑更多的因素来衡量员工的贡献，这样才能更好地兼顾公平与效率。

赛德想到这里，准备先问问爸爸的公司平时考核员工有哪些标准和体系，接着了解一下各部门、各员工的表现，再把体系里衡量员工对企业贡献的要素全部列出来，最后结合实际情况，在兼顾公平与效率的情况下设计季度奖分配方案，这样会不会就更有操作性了呢？思路一点点细化后，赛德隐隐感觉这个特别的额外奖励要到手了！

“劫富济贫”的税收

虽然下学期就正式进入高三，但假期生活相对而言还是比较自在的。所以周末只要宏义在家，赛德都喜欢跟着爸爸一起待在书房看书、讨论。

这天，赛德在一个期刊上看到一篇关于 2019 年年底美国富人税的报道。还有专门针对富人的税收？带着好奇，他迅速往下浏览——美国政界民主党的伊丽莎白·沃伦再次提起了征收富人税的建议，这项主张会对资产超过 5 000 万美元的家庭每年征收 2% 的税收，超过 10 亿美元以上的家庭则需缴纳 3% 的税收。后来沃伦又加了码，建议对超级富豪们的征收税率从 3% 提高到 6%。按此计算，亚马逊首席执行官杰夫·贝佐斯下一年需交税 66.97 亿美元，Facebook 首席执行官马克·扎克伯格将缴税 42.49 亿美元，比尔·盖茨的资产若以 1 070 亿美元计算，他将缴税 63.79 亿美元。这使得原本支持向富人征税的比尔·盖茨也改变了态度，他指出如此过火的“富人税”会破坏社会的激励机制，对经济发展起到反作用。

40 亿～ 60 亿美元的税收！看到这里，赛德一方面诧异于天文数字般的税收，另一方面也对“富人税”的提出产生了好奇，忍不住问同在一旁看书的宏义：“老爸，你知道美国前段时间提出的富人税么？我只知道工资收入之类的所得要缴所得税，可这个富人税有点奇怪，就因为别人有钱就要多缴税么？怎么感觉和‘罚款’有点像，难道有钱就有错吗？”

宏义笑着说：“你可能没有注意到这个想法被提出的背景。按照加州大学伯克利分校经济学家埃马纽埃尔·塞斯和加布里埃尔·祖克曼两人的估算，从 20 世纪 70 年代末期到 2016 年这三十多年间，美国最富有的 1% 的人口占据的财富比例翻了三番，从 7% 上升到了 20%；同一时间内，最底层的 90% 的人口所占的财富比例则从 35% 下降到了 25%。美国人口普查局公布的调查数据显示，2018 年，美国收入差距进一步扩大，基尼系数创 50 年来新高，上升至 0.485。美联储近期的一项研究也显示，过去 30 年来，美国最富有的 1% 群体财富增长了 21 万亿美元，而美国财富金字塔下部 50% 群体的财富则减少了 9 000 亿美元。”

“最富有的1%的人拥有20%财富，而底层的90%的人的财富比例仅仅占了25%，也就是10%的富人拥有整个社会四分之三的财富……收入差距、贫富差距有那么大吗？普通的老百姓都是努力工作的呀，差距那么大是不是对他们不公平呢？老爸，你刚才说的基尼系数又是什么呀？”

“基尼系数，是衡量在全部居民收入中未用于平均分配的那部分收入占总收入的百分比，是国际上通用的、用以衡量一个国家或地区居民收入差距的常用指标。基尼系数最大为‘1’，表示居民之间的收入分配绝对不平均，即100%的收入被一个单位的人全部占有了；最小为“0”，表示居民之间的收入分配绝对平均，即人与人之间收入完全平等，没有任何差异。但这两种情况只是在理论上的绝对化形式，在实际生活中不会出现。所以，基尼系数的实际数值只能介于0～1之间，基尼系数越大，表示收入分配越不平均；基尼系数越小，则表示收入分配越接近平均。基尼系数可以较直观地反映和监测居民之间的贫富差距，防止居民之间出现贫富两极分化，因此得到世界各国的广泛认同和普遍采用。而美国的基尼系数创了50年来的新高，说明美国现在的贫富差距的现象已经比较严重了，这也是提出征收富人税的一个原因，政府希望通过对富人征收更多的税来缩小贫富差距。”宏义耐心解释着。

赛德挠了挠头：“老爸你这么一说，我感觉征收这个富人税有种‘劫富济贫’的味道……”

“劫富济贫，从某种角度来说也没错！政府的税收手段其实就是起到一种资源再分配的作用。市场是一只看不见的手，它在一定程度上保证了经济市场运行的效率，但纯粹的市场机制下，可能出现‘赢者通吃’的‘马太效应’，导致富人越来越富、而穷人越来越穷。异常悬殊的贫富差距于整个社会而言是不公平的，也是比较危险的，这容易导致阶层固化，一旦这种固化发展到一定程度，就可能导致社会的颠覆。这一点，你从‘陈胜吴广起义’的典故中就可以感知一二。所以为了让这个社会体系平稳地运行，除了效率，还必须在一定程度上保障公平。政府的税收正是对效率与公平的权衡，从而起到关键的调节和平衡作用。”

“比如你听到的社会保险、抚恤金、养老金、失业补助、救济金以及各种补助费等，都是政府将财政收入用于帮助社会那些弱势群体的人，为他们提供了一定的社会保障，这就是平时人们常说的‘转移支付’。”

赛德若有所思：“既要效率也要公平，那政府该怎么去衡量才合适呢？”

“这可就是一门大学问了！有关权衡两者的观点也是众说纷纭，这可不是简单几句就能解释清楚的，比如刚才讨论过的税收制度，还有社会福利制度、救济制度等，都与此有关。要真正解决好公平与效率的问题，还有太多的东西需要学习！”最后，宏义把问题留给赛德自己去思考。

基础讨论

1. 请在老师的引导下，收集和整理资料，了解“平均分配”和“按劳分配”这两种分配方式，总结这两种分配方式的利与弊及其各自适用的场景。

2. 请在老师的引导下，收集和整理资料，了解我国的分配制度以及按劳分配以外的其他分配方式，并了解其分配依据，比如按生产要素分配。

3. 请在老师的引导下，收集和整理资料，了解美国提出“富人税”的背景，以及征收的方案建议，并讨论是否应该征收“富人税”？为什么？请结合案例系统地论述你的观点。

拓展讨论

1. 在阅读完本课的所有案例后，结合平时的知识储备，你觉得企业在设计奖金分配方案时需要考虑的因素都有哪些？

2. 请在老师的引导下，收集和整理资料，了解政府进行资源再分配的方式。在此基础上回答，税收与转移支付之间有什么关系？

3. 在阅读完本课的所有案例后，结合平时的知识储备，你觉得从企业来看，应该如何辩证地把握“公平与效率”的关系？同时，你觉得从社会角度，又应该如何辩证地把握“公平与效率”的关系呢？

财商实践

【主题】

- 我国的公平与效率之争

【内容】

- 在老师的引导下，收集和整理资料，了解近 20 年来我国基尼系数的变化情况，并绘制出基尼系数变化曲线。
- 在老师的引导下，查找衡量经济增长与社会发展的指标，收集和整理资料，了解近 20 年来我国的经济增长与社会发展的情况，并绘制出相应的变化曲线。
- 结合前面做出的曲线，分析论证我国在不同阶段在“公平与效率”两者之间是如何选择与平衡的。
- 你觉得为了实现民族的伟大复兴，在接下来的发展过程中，我们在“公平与效率”之间应该如何选择与平衡？有没有可操作的方案框架？

财商思考点

- 公平与效率
- 阶层固化
- 平均分配
- 社会颠覆
- 按劳分配
- 转移支付
- 劳动成果
- 社会保障
- 按要素分配
- 马太效应
- 富人税
- 基尼系数

第15课

消费与投资之辨

世界上最好的投资就是投资自己。

——沃伦·巴菲特①

① 沃伦·巴菲特，主要从事股票、电子现货、基金行业，是全球著名的投资家、企业家及慈善家。巴菲特是伯克希尔·哈撒韦公司的最大股东、董事长及首席执行官。在2008年全球富豪排行榜中位居第一。

身边的财商启示

虽然是暑假，但毕竟马上就上高三了，因此赛德仍是把假期约 60% 的时间都分配给了基础学科的学习和复习。这天晚上，赛德跟妈妈崇礼从新华书店出来，手里拎着厚厚的一摞教辅资料——各个科目的《五年高考 三年模拟》《天利 38 套卷》。

在学校的引导下，赛德从高二下学期开始已经慢慢习惯了高强度的高考备战生活，但望着这些教辅资料，还是不由地发出感叹："妈妈，我突然在想，从小学读到现在，单单买这些试卷、模拟题之类的教辅资料，是不是就需要好大一笔钱？"

听了儿子带打趣意味的感慨，崇礼笑着回答："那可不，虽然没算过，但至少也得五位数吧。不过，这方面的开支比起上兴趣班、补习班花的钱，那可就是小巫见大巫了。"

"妈，我在想——要是把这些钱拿去投资，哪怕只是简单地放银行存着或者买货币市场基金，也一定能增值不少吧？这些年，买教材、买习题、买课外书，一路都是'买买买'，更别说那些花在辅导班上的钱了，你和爸爸难道不觉得'亏'了吗？孩子上学接受基本的教育，那就简简单单上学，为什么在学校以外的花费反而更多呢？前几天老爸还和我们提到，张叔叔、李叔叔他们家小孩，上小学就开始就上机器人兴趣班，收费少则上千元，多则上万元，这些钱花出去，怎么拿得回来呀？"

崇礼看着有感而发又疑惑不解的赛德，微微笑着说："为孩子力所能及地提供一个好的教育环境和教育条件，我相信这是天底下每一位父母都会做出的选择！因为爱你们，希望你们能更好地学习和成长，所以把这些钱花出去的同时，我们作为父母并没有想过要‘拿回来’，但对你们而言却不一样！赛德，你仔细想想，在从小到大的学习与成长过程中，除了爸爸和妈妈看得见的金钱投入以外，你也投入了不少，比如……”

“对！我投入了大量的时间和精力，比如把本想打游戏、踢足球的时间都分配给了学习。”不等妈妈说完，赛德接过话。

“是的，那你为什么要这么做呢？用你爸的话来讲，你这就是在投资自己的未来，而爸爸和妈妈的付出则是在全力以赴地辅助你投资自己的未来，因此从这个角度来讲，爸爸和妈妈的金钱投入也是一种‘投资’。我和你爸呀，一直都认为对你的‘投资’，是我们最好的‘投资’！”

赛德听后，不禁陷入了沉思……

对哦，我从小到大的成长主题就是学习，想玩的时候努力克制自己也要保持学习状态，有压力的时候也努力调整自己投入无边无际的学习之中，这是为什么呢？为了上一个好的大学？为了一个更好的未来？但结果谁能保证呢，我自己都保证不了……明明钱是真金白银地的花出去，时间是大把大把地用进去，怎么收回来也很不确定，怎么就不是“消费”而是“投资”了呢？

财商案例

最好的投资

和妈妈回到家，赛德把新买的教辅资料放进卧室后来到客厅。看着眉头微蹙、若有所思的儿子，坐在沙发上的宏义关切地问道："怎么啦，去买个资料回来就愁眉苦脸的，是最近学习压力太大了吗？"

赛德挠挠头："不是学习压力大，是有件事总没想明白。刚刚在回来的路上我和老妈谈到了这么多年你们在我学习上的费用支出，感觉真金白银地花出去，却看不到什么收益——虽然有点奖学金，但和在我身上花的钱相比，简直不值一提。这是'消费'还是'投资'呢？如果从投资的角度看，在我学习上的投入是不是一笔很失败的投资啊？"

听完赛德的疑惑，宏义笑了笑："原来是这个困惑呀！如果只从当前的产出效益来看，投资了近二十年却未见明确的收益，确实很'失败'。但不能只看短期呀！只要我们赛德没有停滞不前，持续积极地拥抱自己的生活，全身心地投入到学习与实践当中，找到自己的成长方向，爸妈都相信，在你身上花的钱，一定是我们最好的投资！"

"老爸，您跟老妈果然是心有灵犀啊，对我说的话一模一样！那为什么不能看短期呢，看短期的话是挺'失败'的呀……"赛德声音越说越小……

"哈哈，看来我们赛德很在意自己是否担得起我和你妈妈对你的付出！担心在你的学习上，我们一家人投入的金钱、精力、时间等，却在短期内看不到实质性的回报，是这样吗？”

赛德认真地点了点头。

宏义正色道：“首先，你能够看到爸爸和妈妈在你学习成长上的巨大付出，并在意我们付出后所得的回报，甚至担心自己现在的成绩不足以回报我和你妈妈，这很好！一家人就是要看到并珍惜彼此的付出，并努力回馈。其次，你的担心里其实有两个小小的误区：其一，短期和长期并不是区分投资好坏的唯一标准，金融投资领域还专门有个流派是‘价值投资’，这个流派看重的就是长期价值。所谓‘十年树木，百年树人’，投资在你身上的价值，是要等你长大后才能更好地显现出来，因此不能就以现在的成绩来评估投资的价值。以爸爸妈妈对赛德的了解，我们对你的未来发展非常有信心！其二，你刚才提到的投资与回报一直局限在金钱的概念上，其实无论投资还是收益，都绝不只是个‘金钱’问题。比如，爸爸和你讨论问题，妈妈关心你的生活，这都是投入，但又都不是可以随便用金钱来衡量的。同样，从收获与回报上看，也不只是个金钱问题，除了将来你找好工作有高收入以外，通过学习，你在思维、修养、为人处事、待人接物等方面的提升，也是无法用金钱衡量却又非常重要的！”

“哦，原来是这样！我怎么感觉自己有点掉‘钱眼儿’里了呢？”赛德有点不好意思地说。

“所以赛德，读书和学习可不能只是为了考试、上大学，如果真是这样，那上大学以后的学习呢？不就失去目标、失了意义了吗？因此，读书和学习更重要的是为了全方位地提升自己！所以呀，我和你妈妈要的可不只是一个只会学习、考试的‘机器儿子’，而是一个全面发展、富有人格魅力的儿子！”

听完爸爸的话，赛德脑海里的疑惑消失了。他重重地点了点头：“嗯，我明白了！最好的投资，就是全方位地投资自己、全面提升自己、力求金钱和非金钱的综合收益最大化！”

“宝呗青年”

下周开学，赛德就正式步入高三，离高考不远了。为更好地抓住假期的尾巴，这周五，赛德一家决定回农村老家待两天，在清新自然的乡野中为下一阶段的奋斗积蓄力量。

周六下午听说表哥要过来串门，赛德提前备好果茶，在心里默默期待这一次与表哥的相聚。表哥在北京读大学，今年秋季开学正好读大三，以前表哥每次假期回来，赛德都会抓准时机回老家和表哥聚聚、聊聊，他尤其爱听表哥分享大学阶段专业学习与社会实践的事。

快入秋了，下午已然没了盛夏时的炎热，赛德和表哥两人坐在院子里的大梨树下，一人一杯老白茶，小木桌上放着洗好的瓜果，是说不出的惬意与自在。

在表哥分享完自己这个假期的实习经历后，赛德忽然想起自己最近对“消费”与“投资”的思考，便问道：“表哥，在大学里，不管是时间还是金钱，都需要大家自主管理的，对吧？那现在大学生生活费大概多少钱一个月呢？你们会在消费之余进行投资、理财吗？”

“你的这个问题确实是当代大学生正在面对，也需要关注和思考的！大二上学期，我还跟着导师做了一个课题，研究的就是当代大学生的消费习惯与投资行为。根据去年我们课题的调查数据，目前大部分大学生每个月的生活费在 1 500 ～ 2 500 元，且自从互联网金融兴起后，近几年大部分大学生也开始注重投资理财。有部分学生一方面，通过奖学金或者兼职实习，为自己赚取更多的收入，实现‘开源’。虽然比例不大，但有那么一部分学生能够完全靠自己的奖学金或兼职实习的收入养活自己呢，有的甚至还能回馈父母一些。另一方面，通过规划消费安排，实现‘节流’。在这两方面的努力下，节余出更多资金后，大部分学生会选择互联网渠道来进行投资，比如买基金或者其他理财产品。”

“为什么大部分学生都会选择互联网渠道进行投资呢？”赛德问道。

“这个嘛，我认为主要有三方面的原因：其一，互联网平台的操作便捷、高效，手指一点，界面一选，就操作完毕。其二，大学生群体对互联网的应用与操作本来就得心应手，因此选用互联网平台进行投资理财也符合用户习惯。还有最后一点，也是比较关键的一点，那就是再怎么‘开源节流’，大部分大学生的资金量都存在‘小而散’的特点，因此大学生群体并不是传统金融服务和产品瞄准的客户群，反而互联网金融因为‘互联网’的属性能迅速满足其对投资理财的基本诉求。”

“啊，原来是这样！”

看着连连点头的赛德，表哥继续分享道：“在调查中，我们还发现了两个有意思的现象。一个是‘宝呗青年’现象。所谓‘宝呗青年’，是支付宝提出的一类人物标签。这类群体一边把生活费放进余额宝中获取收益，一边用花呗提前消费。这类群体之所以这样选择，是为了尽可能地获取资金收益，因为只要按期还款，使用花呗是没有资金成本的。”

赛德还没来得及为“宝呗青年”点赞，表哥就话锋一转：“从表面上来看，这样的安排似乎能尽可能地获取资金收益，是不错的一个资金安排，能兼顾‘消费’与‘投资’，但我们在样本调查中却发现一个意想不到的情况——那就是‘花呗’从某种程度而言是基于电子支付的‘信用卡’，因此用花呗消费其实是一种提前消费，而又因为是电子支付，便捷、高效的支付效率会进一步模糊人们对自己‘实际支出’的了解程度，因此部分学生认为自己在‘不知不觉’中就提前透支消费了超出自己一开始放进余额宝的资金。因此，如果不是特别自律，对资金特别敏感的人，我们课题调查的结果都建议大家慎重选用这样的一种资金安排！”

听完表哥进一步的分析后，赛德忍不住倒吸一口凉气，但还来不及细细体会，表哥又开始分享起另外一个有意思的现象：“在课题研究中，我们对部分高消费的学生群体进行了进一步的访谈调查，发现了他们宁愿选择借贷也要维持自己的高消费水平。他们认为生活已经很辛苦了，学业压力、毕业压力、工作压力……成年后的生活压力挺大，让自己享有一个更好的物质生活没有错。巴菲特也说‘最好的投资就是投资自己’么，尽可能地保证自己的生活品质，让自己有一个更好的状态，这不就是投资么？！赛德，你对他们的选择如何看？”

“前几天我和爸爸妈妈也讨论过这个问题，当时说的是我的学习。我从小到大一路的学习成长投入巨大，但仍是我们家最重要的也是最好的投资。这些学生的选择，似乎没错，也能理解，但宁愿选择借贷也要维持高消费，这明明是超过自己能力和水平的消费了，似乎又不合理……”赛德疑惑地看着表哥，有些回答不上来。

基础讨论

1. 就学业投资中提到的多种投入和多种收获，谈谈你自己学习中都有哪些投入和收获？哪些能用金钱计量，哪些不可以？

2. 表哥分享的第二个现象中，高消费群体认为在压力巨大的现实生活中，尽可能地保证自己的生活品质也是对自己的一种投资。你认同这样的选择吗？为什么？

3. 在经济学领域，“效用”用来形容消费的有效性，认为理性人会在预算的约束下尽可能地追求效用最大化。请结合你生活的实际经验，举例论证如何才能实现消费的效用最大化。

拓展讨论

1. 在阅读完本课的所有案例后，你觉得“消费”与“投资”之间的关系是什么？什么样的“消费”才能算是“投资”？

2. 请在老师的引导下，收集和整理资料，了解“花呗”与“余额宝”。在此基础上谈一谈你对“宝呗青年”现象的看法。你会选择成为一名“宝呗青年”吗？为什么？

3. 在阅读完本课的所有案例后，请谈谈你对“最好的投资就是投资自己”这句话的理解。

财商实践

【主题】

- 我的“学习”投资计划

【内容】

- 请在与父母交流和讨论后，计算自己从小到大（截止时间可自由选择，如高三毕业，或者大学毕业）在“学习”这个领域的所有花费。
- 在此基础上访谈父母对这一笔“投资”的感受或者想法，尤其请他们谈一谈对这笔投资的预期回报是什么？
- 结合父母的回答，谈一谈你对这一笔投资（包括自己投入的时间和精力）的感受和想法是什么？你对这笔投资的预期回报又是什么？
- 请进一步思考，为了最大化学习这笔投资的回报，接下来你需要做的事情有哪些？以清单的形式罗列出来后，请与父母或者老师进一步交流并完善。

财商思考点

- 消费
- 投资
- 效用
- 效用最大化
- 投资回报
- 投资自己
- 非金钱投资与非金钱收益
- 互联网金融

第16课

终极财富

世人都晓神仙好，只有金银忘不了！
终朝只恨聚无多，及到多时眼闭了。

——曹雪芹①

①曹雪芹，名沾，字梦阮，号雪芹，是中国古典名著《红楼梦》的作者。本课引言摘自《红楼梦》中《好了歌》一诗。

身边的财商启示

周天从老家回来后，赛德便开始收拾、整理行李，明天一早就得去学校报到了。报到一完成，赛德便正式成为一名高三学生了。想着接下来充满辛苦、压力也充满活力与无限可能性的一年，再回想一路以来爸爸和妈妈的陪伴、引导和自己的成长历程，赛德忽然间没那么担心和焦虑了。

中学阶段的“终极一年”，与其说是“最后冲刺”，不如看作“最后总结”——对从小到大所学知识的总结，所积累经验的总结，所经历成长的总结，甚至包括对自己的总结……如此为自己的“青少年时期”画上一个圆满的句号，从而以更成熟、更得当的状态走向成年。

如此一想，赛德的心境更开阔了些，于是抓紧了收拾行李的动作，似乎对接下来的一年有些迫不及待了。整理完毕后他来到客厅，加入“喝茶聊天”小分队，准备把自己对“终极一年”的新理解分享给爸爸和妈妈——接下来的一年，待在学校的时间会更多，因此得好好珍惜和家人在一起的悠闲时光。

听完赛德的分享，崇礼笑着点点头说：“你说得没错！那从小到大，你对财富非常感兴趣，在爸爸的引导下和选修的财商课上，你学了财富的源泉，还有财富的赚取、使用、保护、投资、融借等，也得好好总结才是。说到这儿，正好我刚刚和你爸探讨‘终极财富’呢，你觉得什么是‘终极财富’？”

“还有‘终极’的财富？”赛德眼睛瞪圆了。

看着有些傻眼的儿子，崇礼呵呵笑道：“不是有这样的一种说法么，‘钱对有钱人，只是账户上的数字’，如此一来，金钱似乎并不是最重要而终极的财富，那什么才是最重要而终极的财富呢？”

看着耐心为自己解释的妈妈，还有一旁微微笑看着妈妈的爸爸，赛德笑着说：“其他人，我不清楚，但对我而言最重要而终极的财富就是我们一家子！”

宏义听完开心笑道：“哈哈哈，对我而言也是如此！不过刚和你妈讨论的这个问题，在某种程度上来说可以算是一个‘千古之问’，如果从历史的视角去看这个问题也许又会有新的发现。”

“千古之问？还能从历史的视角去看？”本来对自己答案很确信的赛德有些疑惑了。

宏义喝了口茶缓缓道来：“你想想，历史上贵如秦始皇，兼并六国、统一天下，拥有至高无上的财富后，他在追求什么？”

“没记错的话，他晚年沉迷于炼丹之术，追求的是长生不老！”

“没错，事实上不止秦始皇，还有汉武帝、唐太宗等一代君王，在晚年都追求同样的东西——长生不老。”

听完爸爸的话，赛德陷入了疑惑：“生老病死，不是客观规律吗？但秦皇汉武、唐宗宋祖，都在追求长生不老，可见这不是偶然，那是不是可以认为：长生不老就是终极财富呢？”

宏义顿了顿后回答：“对帝王而言，与其他财富相比，确实‘时间’就是最重要而终极的财富。所以对此，我得到的一个启发是：自由的时间才是终极财富，而自由的时间又取决于生命的健康程度。人毕竟是一种生物，没有了健康的生命，一切其他的财富都只是镜花水月而没有意义！”

听完爸爸的分享，赛德茅塞顿开：“终极财富，原来这么简单？只是健康的生命且自由的时间？那初生婴儿岂不是最大的富翁？难怪老子讲‘能如婴儿乎’！”

财商案例

范蠡的传奇一生

晚餐后，宏义建议赛德趁着回校前了解下“范蠡”一生的传奇经历，也许对理解“终极财富”会有新的启发。提到范蠡，赛德自然而然地会想到西施，也会想起越王勾践“卧薪尝胆”的典故，赛德很好奇范蠡还有什么传奇故事能对理解“终极财富”有新的启发？

带着好奇，他找到《史记》中对范蠡记载的原文，又整理了其他相关的文献资料，迅速进入了搜证模式。

越国，齐海，陶地；谋士，相国，富贾。三种角色，三重人生，却在春秋时期一位叫范蠡的人身上，呈现出神奇的统一。“重农抑商”历来是古代中国的治国传统，故而历史上能征善战者有之，辅国效君者有之，但能以商人身份名扬天下的却屈指可数。范蠡以布衣之身，不仅官至将相，位极人臣，更能功成名遂而身退，退隐后又能富甲天下，好善行德，造福一方。故范蠡被世人高度评价为“忠以为国；智以保身；商以致富，成名天下。”且后代许多生意人皆供奉他的塑像，尊之为“财神”“商圣”。

看完网上对范蠡的综合评价后，赛德在心里连连感叹——官至将相，位极人臣，退隐后又能富甲天下！权势与财富，这不都是世人追求渴慕的吗？范蠡虽布衣出身，却在一生中将这些全部实现。怪不得老爸推荐了解范蠡的传奇人生呢！必须得仔细梳理其经历……

范蠡，于春秋鲁昭公六年（公元前 536 年）生于楚国宛地的一户贫寒人家，少年时以“楚狂人”自居，言行不为乡人理解。他虽出身贫寒，但博学多才，遵循“天下无道则隐，有道则仕”的原则，过着披发佯狂的低调生活，实则心怀大志，等待出山的机缘。

终于，他等来了契机，遇到了生命中的第一位知己——文种。据说文种当时身为宛地县令，四处寻访贤士。范蠡的怪异举止引起了他的注意，便派小吏召见。谁知范蠡故作戏谑之态，小吏见状，回禀范蠡是个疯魔病人。文种却会心一笑：吾闻士有贤俊之姿，必有佯狂之讥，内怀独见之明，外有不知之毁，此固非二三子之所知也。于是亲自驱车拜访，待范蠡看出文种心诚意坚后，才放下伪饰，迎接贵宾。两人一见如故，抵掌促膝，相谈甚欢。史册没有留下两人具体交谈的内容，但可以相信，这一对好男儿心中，有一个建功立业的共同理想已经成形。

范蠡认为当时楚国越来越背离正道，于是邀请文种一起离开楚国，投奔越国以尽忠国安民之事。有学者考证，范蠡入越时间大约在公元前 511 年，正是他二十五岁左右的时候。

进入越国后，范蠡辅佐越国两代君主共计 43 年，其中辅佐越王允常 14 年，辅佐允常的儿子（勾践）29 年。允常是越国历史第一位有为君主，是越国霸业的开创者和奠基者，卒于公元前 497 年。公元前 496 年，趁越王允常新卒，吴王阖闾亲自带兵攻打越国，却被勾践大败而退。阖闾在战斗中受伤，回国后不久伤势变重而死。

自吴王阖闾兵败而亡后，继任的夫差更将越国视为不共戴天的大敌。此时越强吴弱，夫差厉兵秣马准备复仇。勾践在公元前 494 年得知情况后，不听范蠡之谏，决定出兵伐吴，却不料惨败，受困于会稽山。

从忍辱负重到一雪国耻

在越国生死存亡之际，勾践痛改前非，虚心向范蠡请教复国之策。范蠡献策有三：“持盈者与天，定倾者与人，节事者与地。”

所谓“持盈者与天”，“持盈”即在盈满的状态下保持长盛不衰。天地亘古存在，无所欲求，故能包罗万物，生生不息。对应到国家，君王若要长久保持国家富强，就要按照“不溢、不骄、不矜”的“天道”行事。虽然勾践初即位便战胜吴国，但三年后便急功近利，欲将吴国一举消灭，自古骄兵必败，越焉无亡国之患？

所谓“定倾者与人”，是指在助危持颠、救亡图存之际，主要从“人”的方面寻找转机。这句话正是保全越国的金玉良言。范蠡洞察吴国君臣之弱点，建议先委曲求全保存实力，再缓图强国之计。他说：“卑辞尊礼，玩好女乐，尊之以名。如此不已，又身与之市。”

范蠡谏言勾践忍辱负重，备厚礼取悦吴国大臣，进献宝物、美人取悦夫差，这样还不够，范蠡还陪同越王亲自到吴国称臣，消除吴人心中仇恨。

越国之外，君臣一心，三年如一日谨言慎行，终于感动吴王，得以归国。勾践吸取前车之鉴，韬光养晦，立志复国。复国，须从“节事者与地”中汲取智慧。地与天同在，广博无边，不偏不倚，为万物自由生长的空间。节事即行事有节制，合乎一定的准则，这个准则就是“地”的规律。勾践采纳范蠡的建议，越国的经济和兵力得以迅速恢复。

公元前 484 年，夫差赐死伍子胥，自毁长城。二十年磨一剑，终于到了越国复兴的时刻。范蠡料定时机已到，立即劝越王兴师伐吴，吴师大败。历经数年之战，勾践终于在公元前 473 年，成功灭吴，一雪国耻。“苦心人，天不负，卧薪尝胆，三千越甲可吞吴。”说的就是勾践复国的壮举，而劳苦功老的大功臣，当推范蠡。越国声威大震，也到了范蠡退场的时刻。

从白手起家到功成身退

当越人沉醉于扬眉吐气的喜悦时，当越王向范蠡许诺“与子分国”时，范蠡又做了一件看似疯傻的举动——在越国国力鼎盛之时，拒绝一切高官厚禄，功成身退。且他临行前，还向老友文种留书一封，劝他辞官，并告诫他：“蜚（飞）鸟尽，良弓藏；狡兔死，走狗烹。越王为人长颈鸟喙，可与共患难，不可与共乐。子何不去？”

范蠡离开越国后，坐船沿海北上到达齐国，隐姓埋名，自称“鸱（chī）夷子皮”

开始经商。他与家人在齐地安家，无所依傍，首先面临的就是生存问题。史书记载，范蠡父子“耕于海畔，苦身戮力”，从一开始的晒盐卖盐，到后来贩卖海鱼海虾，三四年时间便成为当地首富，甚至有超过齐国举国财富的势头，因此惊动了齐王。

齐王想招揽范蠡出任齐国的相国，因此派出自己的三儿子子玉，带着相印前去拜见，却遭婉拒。后来齐王亲自登门劝说，范蠡不再好推脱，但只答应做三年，三年后必须离开。三年时间，范蠡辅佐齐王把齐国的经济治理得蒸蒸日上，其后齐王宁愿食言都不愿意放范蠡离开。

范蠡感叹：“居家则致千金，居官则至卿相，此布衣之极也。久受尊名，不祥。”于是，他执意将相印还给齐王，之后，他散尽家业，分给亲友以及在海边垦荒时的老乡们，带着家人和必需的财物潜行而去。

从鸱夷子皮到陶地朱公

这一次，他选择了陶地（今山东菏泽），并改名“陶朱公”。迁居陶地，看似随遇而安，却是他有意选择：此天下之中，诸侯四通，货物所交易也。定居后，范蠡与家人由耕畜开始起家，继而再积聚货物，据时而买或卖，采用薄利多销的政策从商品交易中获取利润。经过数年的打拼与积累，范蠡又一次“致货累至巨万”，富甲一方，人称“陶朱公”。

且范蠡经商，并不局限于某一产业，而是纵观天下之局势，选择最适宜经营的产业，并通过自己的艰苦奋斗去实现它的最大价值。史书中记录的他做过的行业就有农业、畜牧业、渔业、盐业、制陶业等。他还有一部《养鱼经》传世，是迄今世界上发现的最早的养鱼文献。

从三致千金到富好行德

《史记》记载：十九年之中三致千金，再分散与贫交疏昆弟。此所谓富好行其德者也。后年衰老而听子孙，子孙修业而息之，遂至巨万。故言富者皆称陶朱公。

由此可见，范蠡在陶地经营十九年，三次致富，两次仗义疏财。到年老力衰之时，他更敢于放手，把财产全权交付给子孙打理。真是应了李白的那句诗："天生我才必有用，千金散尽还复来。"

范蠡难能可贵的是聚财，却不吝财——他人需要之时能仗义疏财；能致富，又更怀造福他人的慈悲之心。当时，很多人纷纷上门向范蠡请教经商之道，陶朱公也热心回答，无私地分享自己的经验智慧，帮助了很多人发家致富，在商人和广大民众之中拥有很高的声望。

鲁国当时有位穷困潦倒的书生，号猗顿[①]，在听闻范蠡事迹后仰慕其德行和才学，遂向范蠡虚心求教。面对这位初次会面的谦逊的年轻人，范蠡怀着拳拳慈爱之心，将他的经商理念倾囊相授，并根据他目前的状态，为他量身打造致富秘方。猗顿缺乏资金，范蠡便教他经营畜牧业，先豢养少量牛羊，待其繁衍壮大，便得财富。猗顿遂迁居西河（今山西西南部），在一块水草丰美的湿地上创造了人生的第一份财富。

看完范蠡一生的传奇故事之后，赛德不禁由衷敬佩——范蠡一生可以如此成功

①猗顿（生卒年不详），著名的大手工业者和商人。原是春秋时代鲁国贫寒书生。在生计艰难时，听闻范蠡弃官经商很快致富的消息，于是"往而问术"。范蠡告诉他"子欲速富，当畜五牸（zì，母畜）"。猗顿千里迢迢来到西河（今晋南一带），定居于猗氏王寮，大畜牛羊，后又兼营盐业，十年之间，成为与陶朱公齐名的巨富。

地获取权势和财富，又能如此潇洒地放弃权势和财富，他完全超越了权势和财富的束缚，拥有高超的驾驭权势和财富的智慧，不被其所累，因而能自由地按照自己的想法去做事、做人、生活！一个人得拥有多高深的智慧才能做到这一点呀！爸爸说范蠡一生的传奇故事也许对理解“终极财富”会有新的启发，范蠡所拥有的智慧，又是不是一种终极财富呢？

基础讨论

1. 你觉得秦皇汉武、唐宗宋祖等帝王，为什么都在晚年追求长生不老？

2. 你觉得范蠡为何被世人敬称为“财神”“商圣”？

3. 请在老师的引导下，收集和整理资料，了解范蠡的老师计然，计然的老师老子，在此基础上回答，你觉得范蠡为什么能如此潇洒地放弃权势和财富？

4. 在阅读完本课的所有案例故事后，结合自己对财富的理解，谈谈你觉得什么才是终极财富？为什么？

拓展讨论

1. 在本课“身边的财商启示”故事的最后，赛德引用了老子《道德经》中的“能如婴儿乎”，你觉得用得对吗？为什么？

2. 请在老师的引导下，收集和整理史料，了解“计然七策”，在此基础上讨论为什么每一次范蠡散尽家业后总能迅速致富？

3. 你如何评价范蠡的一生？你觉得范蠡的一生是不是某种“理想的人生”？为什么？你理想的人生状态又是怎样的呢？

4. 在阅读完本课的所有案例故事之后，请结合你对曹雪芹以及《红楼梦》的了解，谈一谈你对《好了歌》中这两句诗——“世人都晓神仙好，只有金银忘不了！终朝只恨聚无多，及到多时眼闭了”的理解和看法。

财商实践

【主题】

- 假如我有 10 亿元（人民币）

【内容】

- 请设计一个较为具体的方案来规划这 10 亿元人民币的使用安排（注意从项目内容以及时间两个维度来细化方案的设计）。
- 阐述方案设计的基本理念，并阐释每一项项目内容安排背后的原因。
- 在方案设计完成后，和父母 / 同学讨论这个议题。先听取并记录下他们在这笔钱上设计的项目，并比较与自己所设计的方案之间的异同点，再进一步分析造成这些异同点背后的原因。

财商思考点

- 终极财富
- 智慧
- 持盈者与天
- 财务自由
- 定倾者与人
- 能如婴儿乎
- 节事者与地
- 富好行德